いいやん ご縁を活かして夢を叶えよう

開運アドバイザー
櫻庭露樹 × 朝活ファシリテーター
まさみん

ビジネス社

はじめに

この本を手に取っていただき本当にありがとうございます。

朝活ファシリテーターのまさみんこと、吉川真実です。

2023年に初めての著書『開運モンスター』（内外出版社）を刊行したばかりなのに、わずか1年で次の著書を、しかも、スピリチュアル研究家で開運ユーチューバーとして大活躍の大王様こと、櫻庭露樹さんと一緒に出せるなんて身に余る光栄でしかありません。

大王様はすごい経営者で実業家であり、著書が何冊もある作家であって、しかも私よりも年上で、人生の経験値も全然違います。

それなのに、まったく上から目線で私を見たりしません。いつも何かにワクワクしている少年のような方です。初めて出会ってから今まで、大王様の姿を見ていて、人生の楽しみ方を知っている大人だなと思いました。

そして何より、大王様は〝人〟が好きです。

どんな人とのご縁も大切にされていて、しかも、人とのご縁から次のステージへと展開していくのもまたお好きなのだと、お話をうかがった際に感じました。


この本は、人が好きで、人とのご縁を大事にしてきた大王様と、僭越ながら、人と人とのご縁を結ぶことが大好きでたまらない私が、一生懸命「ご縁を最大限に活かして夢を叶える」方法を考えながら語り合っています。

人との出会いは誰にでもあります。

それをどうとらえるか、どう活かすかで人生は大きく変わります。

そんなことを意識しながら読んでいただけたらと思います。


本書には邪兄《ジャニー》さんという方が登場します。小野マッチスタイル邪兄さんはYouTubeプロデューサーで、大王様のYouTube「運呼チャンネル」でナビゲーターとして出演されているので、ご存じの方も多いと思います。

大王様とこんなふうにお話ししたり、本を出版できるようになったのも、実は邪兄さんがいてくれたおかげです。

大王様と出会うより前に、共通の知人であるあきえちゃんを通して邪兄さんとお友達になっていたことから、ご縁をいただきました。

いろんなご縁がご縁を呼んで誕生した大王様と私、まさみんの共著『いいやん　ご縁を活かして夢を叶える』を、最後まで楽しんで読んでいただけたら幸いです。

2024年8月

まさみん

目次

第1章 ご縁はまず自分から始める

第2章 いいやん！で「ご縁」の輪は自然に広がる——まさみん

第3章

人をつなぐと神様が喜んでご褒美をくれる

第4章

ご縁のあった人が自分を成長させてくれる——櫻庭露樹

第5章

応援していると応援される側になる

第1章

ご縁はまず自分から始める

対談① 櫻庭露樹&まさみん＋邪兄

気づいたら誰かの居場所に

櫻庭　まさみんとの出会いは、開運アドバイザー・崔燎平《さいりょうへい》さんから紹介してもらったのが始まりでした。

まさみん　はい！　崔さんは、私が毎朝オンラインで活動している「午前3時の手帳会」というコミュニティを大王様に紹介してくださったんですよね。

櫻庭　そう。午前3時から始まる朝活に100人以上の人が集まって、1日の始まりをシェアするという、とんでもない活動をしている女性がいると教えてくれまして。最初はたった二人からのスタートだったのにあっという間に100人もの人が集まっている、しかもまさみんとかかわると人生が劇的に変化するというではありませんか。

私の相方、邪兄《ジャニー》さんをはじめ、あちらこちらから他にもまさみんに関するさまざまなうわさを耳にしていました。念願かなってお会いできたのが約1年ぐらい前ですね。

まさみん　もう1年も経つのですね。崔さんが大王様のサロンでセミナーを開催された際、私も出演させていただいて、大王様にお会いすることができました。
私は大王様のＹｏｕＴｕｂｅを拝見していたので、「あ、本物だ！」と感動したのを覚えています。ＹｏｕＴｕｂｅでは自分の思いをまっすぐに語っておられる大王様。正直、少し怖い人かもと思っていたのですが（笑）、実際にお会いしたら、とても優しい方なのだとすぐにわかりました。私にもいろいろと気を使ってくださってうれしかったです。

櫻庭　まさみんの第一印象はとにかく可愛い（笑）。屈託のない笑顔がいいというか、人の話を聞くとき、うれしそうなのがとても印象的でした。でもよくよく考えたら、ふつうの方ではありませんよね。だって、朝３時から１００人もの人を自然に集めて朝活をしているわけですから。ただものではないと思っています。実際の会員数としてはもっと多いはずですよね？

まさみん　今の時点で、約１４００人です。決して早起きを強制している会ではなくて。毎日参加しなくてもＯＫです。基本的にはオンライン自習室のような感じなので、出入りも自由です。

櫻庭　そうなんですか。崔さんからは「朝３時からみんなで踊り狂っている」と聞いていましたが（笑）。

まさみん　そうなんですね。毎朝、有志のメンバーで、気に入ったエクササイズや筋トレなどの動画を見ながら、みんなで身体を動かしています。毎日踊っているわけではありません（笑）。

　お伝えしたように「午前3時の手帳会」は基本的に自習室なんです。自分の好きなこと、やりたいことを朝一番に始める。それを習慣づけるための活動です。なので、先ほどのエクササイズや筋トレも、無理に付き合ってやらなくてもいいんです。黙々と勉強をしていてもいいし、読書がしたければ読書をしたらいい。手帳と向き合って今日一日の過ごし方を考えていてもいいんです。たとえビデオや音声をオフにしていたとしても、画面の向こうには、自分と同じようにちょっと早起きをして自分の好きなことをしている仲間がいるんだとい

対談の取材は、大王様のサロンで行われた。

う感覚があることで、一人で早起きするよりも断然パワーが出る感じです。それぞれ思い思いに自分が好きなことをして過ごしているのに、みんなが一緒だという安心感、心強さがあることで、より好きなことに集中できる時間になっています。

櫻庭　ある意味、みんなの〝居場所〟になっているんですね。

みんなが探している自分の居場所

まさみん　確かに居場所を求めて参加してくれている人も多いと思います。私も29歳頃まではずっと自分の居場所を探して追い求めていたので、その気持ちがわかるんですよね。

櫻庭　誰かの人生を変えるって本当にすごい活動ですよ。とても意義のあることをされていると思います。まさみんがかつてそうだったように、自分の居場所を探している人は多い。しかも、自分が居場所を探していることもわからずに、ただ彷徨《さまよ》っている人もいる。そういう人たちが、まさみんの「午前3時の手帳会」を見つけて、「私が探していたのはここだ」とハマっていく感覚もわかります。

まさみん　居場所って不思議ですよね。周りがどんなに居場所をつくってくれていても、自分でそう思わないと居場所にはならないというか。子どもにとって、家は自分の居場所であることが多いですよね。でも、子どもの頃の私は、そうではありませんでした。家の中で、ありのままの自分を出せなかった。娘として、そして姉として、いつも父と母の目を気にしながら生きていました。自分はがんばらなければここにいてはいけない、そんな気がして、「生きるってしんどいなぁ」と考えていたのを覚えています。今思えば、自分が勝手にそう思い込んでいただけなんですけどね。

「ありのままの自分でここにいてもいいんだ」と思える場所こそが、その人にとっての「居場所」なんだと思います。それがあると人は強くなれるし、心にも余裕が生まれて、自分が好きなこと、やりたいことに集中することができます。

櫻庭　居場所って結局、心のよりどころなんですよね。僕も若い頃、少なくとも35歳になるまでは居場所を探していたんだと思います。商売はうまくいっているのにもかかわらず、自分が何のために生まれてきたのかまったくわからなくて、いつもどこかイライラしていた。当時、居場所を探しているという意識はなかったのですが、今考えると、どこにいても居心地の悪さがあったんだと思います。すごくいい人たちにも出会っていたのに、それすらも気づかず、受け入れず、ただただ自分は不幸だと思い込んでいたから。もし、居心地がいいと思える場所にいれば、僕の生き方も若いうちから変わっていたかもしれません。

まさみん　35歳で変わることができてよかったですね。

櫻庭　そうですね。35歳８カ月のとき、心学研究家で講演家の故・小林正観《こばやしせいかん》さんと出会いました。その人が僕を１８０度変えてくれました。なぜ、僕の人生がつまらないかをすべて明らかにして教えてくれました。

価値観を根本的に変えてくれたご縁

まさみん　小林正観さんとはどんなふうに出会ったのですか？

櫻庭　幼少期の頃から辛くてしんどいことが多すぎて「なんて自分の人生はつまらないんだろう」と思いつつ、そこを打開したいという思いもあり、自分の存在意義や使命について考えるようになっていました。それで、30歳くらいからいろいろな方の本を読みあさり、いろいろな方の話を聞きに行ったりするようにもなっていました。

そうした中で出会ったのが小林正観さんです。旅行作家であり、作家であり、日常生活でさまざまな実践をすることによって心の在り方を追求していく、心学研究家として有名な方です。正観さんはそれまでの私の考え方、生き方を根本から揺さぶってくれました。

正観さんと出会い、さまざまな教えを乞う中で私の人生は180度変わりました。私の人生の師匠であり、心の師匠です。私の人格も180度変わりました。おそらくそれ以前の私を知っている人は、別人になったと感じたはずです。それぐらい人間的に大きく変化し、それと同時に人生も大きく変わっていきました。正観さんとのご縁がなければ、今の私は存在していません。

まさみん　そこまで思える人と出会えるのって素敵ですね。しかも、大王様にそこまで言わせてしまう正観さんも本当に素晴らしい方だったんでしょう。正観さんの教えで一番、心に刺さっているのはどんな言葉ですか？

櫻庭　「自分の存在が誰かに喜ばれているということを実感して生きていく」、それこそが楽しい人生の過ごし方なんだと教えてくれました。当時の私は、誰かに喜ばれることを自分の喜びにするなんて考えたこともなかっただけに、衝撃的な言葉でしたね。でも、正観さんと出会って以降、ずっとそのことを心がけています。

つまり、たった一人の人とのご縁をきっかけに、人生は変わるし、人は変われる、ということ。人とのご縁はそのときの自分にとって偶然ではなく、必要必然ベストなんですよね。絶妙なタイミングで、今の自分に必要な人と出会うべくして出会っているんだと思います。

まさみん　人生を変えてくれる出会いってありますよね。私の場合は24歳のときに出会った、「お母さんたちの居場所づくり」をしていたナオちゃんとの出会いが大きくて、それを契機に人生観が一変しました。心の底から「変わりたい」という思いが湧き上がって、人との出会いが自分を、人生を変えてくれるんだということを初めて実感しました。

櫻庭　まさみんは、どんなふうに変わったんですか？

まさみん　それまでの私は、物心がついた頃から常に両親や周りの人の目を気にして、「右に行きなさい」と言われれば右に行くし、「左に行きなさい」と言われれば左に行くような子でした。最初は自分の意見を持っていたと思うのですが、いつの頃からか、自分の意見は必要ないんだって考えるようになりました。私は両親が操作するロボットだと思っていましたね（笑）。

櫻庭　すごいね。私はロボットって。

まさみん　自分の意見があっても、それが否定されるなら、最初から自分の意見なんか持ってなくていいやって思っていたので。父は厳格な警察官で、「公務員は安定していて、公務員になれば幸せになれる」と私によく話していました。なので、私も本気でそう思っていました。実際、地元の市役所の職員として就職することができたのですが、「これで幸せを手に入れた」と思いました。

社会人になると「あなたの意見を聞かせてください」と言われる場面がたくさんありますよね。ずっと自分の意見は必要ないと思っていた私は「そんなのわからないよ」と困惑しっぱなしでした。自分で考えたり、決めたりすることから逃げてきたので、相手からどう思われるかばかりが気になって、模範解答は探すことはできても、自分ならどうするというのを考えることが、どうしてもできませんでした。ずっと自分を抑えて過ごしてきたので、「自分の考えなんてわからない。今さら考えろなんて無理だよ」という感覚です。両親が決めたこと、敷いてくれた道こそが正しいと信じて、ひたすらその道から外れないように生きてきたことの弊害だと思いました。

櫻庭　今の天真爛漫《てんしんらんまん》なまさみんからは想像できないですね。反抗期もなかったんですか。

まさみん　一応、反抗していた時期はありました。でも、あくまで一般的な枠からはみ出さない程度の反抗というか。「うるさい」「どっか行け」みたいなことを親に言ったりはしていましたが、この一線は越えたらマズいなというのは頭でわかっていて、それを意識しながらのささやかな反抗でした（笑）。

櫻庭　親への反抗ですら、がんじがらめの範囲だったのですね。僕なんて社会のことも何もわからず、学生時代は悪いことばかりしていました。社会の枠からはみ出しまくっていましたね（笑）。

まさみん　私は周りから真面目そうと思われるように、いい人を演じていたという感じでした。でも、当時の私は自分のことが大嫌いで、自己肯定感もかなり低め。にもかかわらず、人からよく思ってもらえるよう、必死に取り繕っていました。何でもできる人に見えないとみんなに認められないと思い込んでいたのです。

自分の弱みを見せないように必死で隠すようにして生活していたせいか、自己肯定感はどんどん下がっていきました。自分への自信のなさから、他人の欠点もよく見つけては安心していました。今思うと、とても嫌な思考モードに陥っていましたね。

人との出会いで劇的に自分が変わった

櫻庭　そんなまさみんが変わったきっかけが、先ほど話してくれたナオちゃんという方との出会いだったということですか?

まさみん　そうです。ナオちゃんは、地域のお母さんたちの居場所づくりに取り組む子育てサークルの代表をしていました。彼女自身も子育て中のママだったのですが、地域のママたちの笑顔のためにイキイキと活動をされていて、まぶしいぐらいに輝いていました。私もナオちゃんみたいになりたいと思ったのですが、すぐに自分を変えることもできず、結局、29歳まで他人と自分を比較したり、言い訳ばかりしている自分から抜け出せずにいました。

櫻庭　でも、29歳で変化があったというわけですね。

まさみん　そうです。ふと「あと少しで30歳だな」と思った日があったんです。同時に、このまま言い訳ばかりを続ける人生にピリオドを打ちたいという気持ちになりました。「公務員だからできない」と、ずっとできない口実にしていた公務員という肩書きを思い切って手放すことにしました。安定した環境を手放すのはとても勇気が必要なことでしたが、就職してからずっと悩んでいたことでもあったので、心に決めたら案外すっと辞めることができました。

ただ、辞めた後、特に何かしたいことが決まっていたわけではありませんでした。そんな中、ナオちゃんから、「『うまれる』という映画を自主上映するから、一緒にやらない？」と誘われて、スタッフとして参加させてもらいました。自主上映会は多くの人を集めることができて大成功。仲間と共に、目標を立てて一つのことを成し遂げることは私にとって初めての経験で、うれしくて心が震えたのを覚えています。その後、周囲の方々からのアドバイスで、ナオちゃんとNPO法人を設立しました。代表はナオちゃん。私は副代表として設立から2年間、一緒に活動させてもらいました。

櫻庭　お母さんたちの居場所づくりをするというNPO法人での活動で、まさみんのモチベーションになったのは何だったんでしょうか?

まさみん　それまでずっと自分を守ることで精一杯だった私だったのですが、NPO法人で活動するようになって、誰かのためとか地域のためという気持ちがおのずと強くなりました。活動の中でたくさんの人と出会い、支えたり支えてもらったりして、人としてすごく成長させてもらったと感謝しています。

櫻庭　素晴らしいですね。僕は24歳で独立したけれど、そこからはどうやって会社を大きくしていくか、従業員が増えてきたら、「この人たちをどうやって食べさせていけばいいか」といったことしか考えていなかった。人のために、誰かに喜んでもらうためにと考えられるようになったのは、先ほども話した正観さんと出会った35歳から。まさみんは、30歳そこそこですでに周りの人を損得関係なしで助けたいと思って、行動を開始していたわけですね。

まさみん　もともと父の影響からなのか、正義感が強かったのですが、その正義感がより良い方向で発揮できるようになったターニングポイントだったのではないかと思います。

自分の正義の反対って、相手の正義ですよね。自分の正義が正しいと思い込んでいたかつての私は、相手の正義を常に否定していました。でも、ＮＰＯ法人での活動を通して、たくさんの人たちと出会い、多様な考えや価値観に触れていく中で、「私もいいし、あなたもいいね」という感じ方ができるようになっていきました。そして、「私とあなたの役割はそれぞれにある。みんな違って、みんないい」、ということを理屈ではなく、感覚で理解できるようになっていったんです。

それまでの私は、常に自

NPO法人での経験が、まさみんを大きく変えた。

分一人で１００点をとることを目指していました。自分一人で１００点を出すのはとても難しいですよね。一人で１００点は出せないけれど、１点だったら簡単に出せるはず。だから、みんなで１点ずつ出し合っていけばいい。それが１００人集まって１００点になれば、それでいいじゃないって思えるようになったんです。何よりたとえ一人ひとりが１点だとしても、それぞれが集中して出した１点なので、最終的に１００点どころではなく、３００点にも４００点にもなっているんですよね。ナオちゃんと作ったＮＰＯ法人も、みんなの１点ずつが結集して、今では規模の大きな講演会などもさせてもらえるほどに成長しました。

櫻庭　いい話ですね。みんなが１点ずつでも１００人集まれば、３００点にも４００点にもなるって素敵な考え方です。

まさみん　仲間と一緒にやるということを大切にすれば、自分も無理をしなくていいし、何よりそこから生まれる人たちとのご縁なら間違いがないというか、絶対に素晴らしいものになっていくんです。ＮＰＯ法人ではそういう経験をたくさんさせてもらいました。

頼まれごとがご縁を導いてくれる

櫻庭　まさみんの話は説得力がありますね。トークも上手で思わず聞き入ってしまう力強さと人を惹きつける魅力があります。

まさみん　うれしいです！　ありがとうございます。以前は人前で話すのは超がつくほど苦手だったのですが、不思議と人前で話す機会をいただいて、だんだん慣れてきました（笑）。いまだに緊張するときもありますが……。

櫻庭　やはり「話してほしい」と頼まれることが多いですよね。

まさみん　ありがたいことに、たくさんのご縁をいただき、話をさせていただくことが増えてきました。人前で話せるようになったのは、筆文字のセミナー講師をするようになったことも大きなきっかけだったと思います。ＮＰＯ法人を離れてからは、筆文字アーティストとして活動していました。ふとしたきっかけで始めた筆文字ですが、3週間後には個展を開くほど、魅了されていきました（詳細は第2章で）。

とにかく楽しかったので、ＳＮＳでも「めっちゃ楽しい」というコメントをつけて作品を投稿していたら、友人や、その周りの方々から「教えてほしい」「教えに来てほしい」と頼まれるようになりました。それが筆文字の講師をするようになったいきさつです。

「ぜひ私たちのところまで来てください」と言ってもらえるのがとにかくうれしくて、東京や地方など全国各地へ出かけていくようになりました。行った先でいろいろな人に出会えてつながることができたことも、私にとって大きな体験でした。

櫻庭　頼まれごとは、見知らぬ人と出会うチャンスになるんですよね。

私も師匠・正観さんに「自分の使命は頼まれごとの中にある。断らないように」と言われていたのでそれは守っていました。ただ、そう言われた当初は、僕なんかに何かを頼んでくる人なんていないだろうなって思っていたんです。

それがあるとき、僕がインド旅行で体験してきたことを知った人が、その体験談を話してほしいと言ってきてくれたんです。正観さんから「頼まれごとは試されごと」と言われていたので、喜んで引き受けたところ、みんな感動し涙を流して喜んでくれました。参加された一人が、「今の話をうちの両親に聞かせてやってもらえませんか？」と話しかけてくれました。「全然いいですよ」と、その方のご両親のところへ行って話すと涙を流して「うちの妹夫婦にも聞かせてあげたいのですが」と頼まれるので、次の日曜に妹ご夫婦のところへ出向いて話をしました。

その妹ご夫婦も感動して涙を流してくださり、奥様のほうがご自身の会社と、仲良しグループの集まりに来て喋ってほしいと。さらに、仲良しグループの一人が大家族なんだけど、親戚を集めるのでそこで話してほしいと。そんなふうにわらしべ長者式に次々頼まれていくうちに、気づいたら、人前で喋ることが生業となっていました。

まさみん　大王様のＹｏｕＴｕｂｅに登録されているファンの方は26万人。講演会はいつも満席で、大勢の人の前で話されているイメージですが、最初はそんな数人の前で話すことから大王様の講演家としての歩みが始まったのですね。次から次へと頼まれ続けるなんて、本当に素敵なお話をされて、感動を与え続けられたのだと思います。本業の傍ら、きっとお忙しくされていたと思うのですが、途中で断ろうとは思われなかったのですか？

櫻庭　いやいや、僕は正観さんから「頼まれごとの中にしか使命はない」と言われていたので、本当にうれしかったんです。それまで誰かに何かを頼まれたことがなかったんですよ。しかも、会社で上司に「コピーを取ってきて」というような誰にでもできることではなく、あなただから頼むんだ」「あなたじゃなきゃダメなんです」という頼まれごとだった。正観さんにも「あなたにしかできないことなので」という頼まれごとの先には、必ずあなたの使命が隠れているからと言われていたんです。

だから、頼まれて喋っているうちに、きっと自分の使命に出会えるんだろうとワクワクしながらやらせてもらっていました。なので、喋ることが自分の使命だと気づくのにずいぶんと時間がかかりました。おそらく1年以上かかったと思います。いつまで経っても自分の使命が見つからなくて、おかしいなと思ったときにふと、「俺、喋るのが使命なのかな」と気づいたという感じでしょうか。

まさみん　大王様のトークは人を巻き込む力があります。当時から話すことは得意だったのですか?

櫻庭　全然そんなことを思ったことはないです。むしろ人前で話すとか絶対に無理なタイプ。よく「話し方の学校に行ってたんですか?」と聞かれるのですが、話し方の勉強をしたことはまったくありません。

まさみん　では、その人を惹きつけてやまないトーク術は、どのようにして身につけられたのでしょうか？

櫻庭　もしかしたら……僕が小学4年生の頃、漫才ブームがあったんです。それにすごく影響を受けて、給食の時間に、自分でつくった漫才を給食を食べるグループのみんなに披露していました。おそらくあの経験が役に立っているんじゃないかな。よくクラスの子に「櫻庭君と一緒に食べたくない」と言われました。「漫才ネタがおもしろ過ぎて牛乳を吹いちゃうから」と。小学4年生から6年生まで毎日、「どうしたら人を笑わせることができるか」と考えていました。ただ、それ以外には人前で喋ったことなんてほとんどなかったですね。

まさみん　ふつう漫才を見て、自分が笑って楽しむっていうところで完結しがちですよね。でも、大王様は、自分が笑って終わりではなく、そこから人を笑わせることが楽しいという境地にまで行けている。そこがすごいです。

櫻庭　研究しましたよ。当時はビデオデッキなど録画するものが何もなかったから、テレビを観て漫才師のネタをメモりました。今のギャグはここがおもしろかったけど、そのまま次の日に学校で披露したら「昨日観たネタだね」などと言われてしまう。だから、元のギャグがバレないようにアレンジしてオリジナリティーを出すよう、子どもながらに必死で考えていましたね。

まさみん　大王様はいつもどんな場所でも、人を楽しませながら話してくれます。その原点に漫才があったなんて知りませんでした。でも、そう言われて腑に落ちました。

私も大王様ほどではないのですが、似たようなことを経験しています。

ＮＰＯ法人の活動の一環で、地域のお祭りのスタッフとしてお手伝いをしていたとき、ある大学の先生と知り合い、お話しするようになったんです。そのご縁がきっかけになって、先生から「一度、講師として人前で、ご縁の深め方について喋ってほしい」と頼まれたんです。講演後もさまざまな方から「こんなテーマで喋ってほしい」と言われることが続きました。私自身、自分が話すことに自信はありませんでしたが、「やってみます」と言って人前で話すことを続けていたら、いつの間にか楽しくなっていって。その経験で磨かれていった気がします。

櫻庭　ＮＰＯ法人時代からすでに講演の依頼を受けたりされていたんですね。でもまさみんのトークもそれだけ人を惹きつける魅力があるということですよ。断らなかったのもよかった。頼まれごとは自分の使命ということだけでなく、ご縁も広げてくれますから。

まさみん　今の私だけを見るのではなく、未来の可能性を信じて依頼していただいたのではないかと思っています。なので、ご依頼いただくみなさんに心から感謝です。少し前の自分だったら、依頼がきても「どうせ無理！」と、きっと断っていたと思います。

ＮＰＯ法人の設立後、初めて企画したイベントは北海道にある植松電機の植松努さんの講演会でした。講演会のタイトルは「『どうせ無理』をなくしたい」。植松さんは講演の中で、「『どうせ無理』という言葉は人の未来、人の可能性を奪います。興味を持たなくなり、やる前に諦め、考えなくなってしまいます。だからこそ、どうせ無理ではなく『だったらこうしてみたら？』という言葉を使ってみてください。『だったらこうしてみたら？』という言葉は、人の可能性を広げます」と話されていました。

そのとき、本当にその通りだなと思ったと同時に、涙が流れて止まりませんでした。なぜなら、今まで「どうせ無理」という言葉を私に使っていたのは、私自身だったと気づいたからです。その瞬間から、私は自分にも周りにも「どうせ無理」を言わなくなりました。するとさらにご縁が広がっていきました。

人を成長させる言葉「いいやん」「やむなし」

櫻庭　これは本のための対談だから出ていませんが、ふだんまさみんと会話していると本当にしょっちゅう「いいやん」と返してくれますよね。まさみんの映画のタイトルにもなっていますし（映画については188ページ参照）、単なる口グセというだけでなく、それだけ思い入れのある言葉なんでしょうね、きっと。

まさみん　そうですね。周りの人たちにも「いいやん」「いいやん」と、何か話してくれるたびに言っていたんです。ＮＰＯ法人の活動でお母さんたちの「こんなことをやりたいねん」という意見を聞いたときも、「いいやん」と全力で答えていました。たったひと言、「いいやん」と声をかけるだけでみんなが前向きな気持ちになって、やりたいことを実現してしまうんです。たったひと言なのに人の背中を押す言葉になるんだなと。

その後、私が筆文字を始めたときに、みんなから「いいやん」と言ってもらう経験をしました。そう言ってもらえたことが本当にうれしくて。それでさらにみんなを喜ばせたいと思ってたくさん筆文字の練習をする自分がいました。

「いいやん」ってその人を認める言葉なんです。だから、そう言ってもらえるだけで人はイキイキと輝いていく。成長していける。身をもってそう実感しています。言葉って、魔法みたいですよね。

あ、大王様、ずっと対談を見守ってくれている邪兄《ジャニー》さんが何か話したそうです。

邪兄　まさみん、大王も名言を残しているんですよ。周りの人がめちゃくちゃ成長する言葉です。すごく心に残っているエピソードなので話させてください。

対談には、二人をよく知る邪兄さんも参加。

まさみん　ぜひお願いします。

邪兄　僕は大王と一緒にYouTubeの「運呼チャンネル」で相方として出演させてもらっています。今はやってないですが、かつて大王の会社のホームページの運営も担当してました。

　実は、あまり大きな声では言えないのですが、そのときにホームページを2回、削除してしまったことがあるんです。1回目は単純にうっかりで、それは回復することができました。2回目はウイルスが侵入したので元に戻そうとして、ミスして全削除。これって損害賠償レベルの問題なんです。それだけに、そのことを大王に伝えるときは体が震えるほど緊張しました。でも、正直に言うしかないと思って、削除してしまったことを「すみません、ホームページを消してしまいました」と告白したんです。そんな僕に大王は何と言ったと思います？

まさみん　何と言ったんでしょう？　気になります。

邪兄　「やむなし」、とひと言。大王は一切、僕をとがめたりしませんでした。なんて器の大きい人なんだと感動しました。

まさみん　大王様はなぜ邪兄さんをとがめることなく、そう言ったのですか？

櫻庭　文句を言ったところで元には戻らないから。おそらく僕自身、これまでに理不尽なことをたくさん経験してきているせいで、不測の事態に対する免疫ができていて、動揺しなくなっているんだろうね。

邪兄　でも、すごいのはここからなんです。こちらとしては「やむなし」のひと言で許してもらえた以上、全削除してしまったホームページを一刻も早く元に戻そうと努力しますよね。それで早急に戻して復旧を報告したんです。「ホームページが元に戻りました」と。そうしたらホームページが初めてできたときと同じぐらいマジで喜んでくれて。そのリアクションにも感動しました。大王のそういう器のデカさを身近で見させてもらっているから、僕もそうなりたいと思えるし、そのために努力したくなるんですよね。大王みたいにすべてを許せる人になりたい。めちゃくちゃ成長できたと思うんですよ、この「やむなし」のひと言のお陰で。

まさみん　誰かの失敗を責めるのではなく、そこからどうリカバーしたかを褒めることって、すごく大切なことだと思います。

私にも邪兄さんと似たような経験があります。

ＮＰＯ法人の活動の一環で、地域のお祭りに運営スタッフとしてかかわっていたときのことです。子どもたちが中心となってみんなでフラッシュモブを披露することになっていたのですが、そこで使用するCD音源を、当日、持っていくのを忘れてしまったんです。みんな「誰かが持ってくるだろう」と思い込んでいて、誰も持ってこなかった……そんな失敗をしたことがありました。

会場のあちらこちらにフラッシュモブに参加する子どもたちやお母さんたち総勢200名がスタンバイをしています。「12時に音楽が鳴ります」と事前に伝えてあるので、みんな音楽を合図に踊り出さなければという気持ちで待っているわけです。

誰がCDを持って行くのか、私がしっかり確認しておけばよかったのに、できていなかったのが一番の原因です。でも、そんなことを反省している余裕はありません。どうすればいいかと考え、ふとYouTubeに音源を落としていたことを思い出しました。それで急いでYouTubeから、フラッシュモブの冒頭にかける曲を引っ張り出しました。結果、少しお待たせしてしまいましたが、ほぼ時間通りにその曲をかけることができ、フラッシュモブは成功しました（ハラハラしましたが……）。

何とか事なきを得てホッとしている私に、NPO法人の代表理事であるナオちゃんがかけてくれた言葉が「よくやった！」だったんです。

ナオちゃんは「なんでCDを持ってこなかったの？」「なぜ確認をしておかなかったの？」と私の責任を追及するようなことは一切言いませんでした。

こちらとしては「よくやった！」の言葉の裏を汲み取って自分で反省しますよね。そのとき思ったんです。「人は怒られたら反省するのではなく、褒められたときに心から反省するんや」と。

邪兄　すごくよくわかります、その感覚。失敗をしたときに叱られるよりも、そのときは何も言わず、リカバーしたときに大きく褒める。そのほうが絶対人は育ちますよね。

無条件で過ちを許せる人に、人はついていく

櫻庭　実は「やむなし」というのは、僕が30歳から海外へ行くようになって、チェンマイで出会ったTさんの背中で学んだ言葉なんです。

Tさんはアジアの貧困地域の貧しい方たちの雇用を生むために、大きな工場をいくつも建てて、現地の人たちに多大な貢献をしていました。

その工場ではインターネットカフェの什器をつくっていました。今から20年以上前、ちょうどインターネットカフェが全盛期の頃です。Tさんに什器を頼むと他の業者の半額以下なので、注文が後を絶たないほど大人気でした。生産が追いつかないのでTさんはどんどんアジアの貧困地域に工場を建てていったのですが、選んだ場所は中国やタイ、ミャンマーなどの本当に貧しい地域でした。

いつも笑顔で、その国の言葉で喋る姿は本当にカッコよかったですね。どこの国へ行っても、「社長、社長」と現地の従業員たちから慕われていて。生き方、考え方、行動力すべてが本当にカッコいい。すっかりTさんの魅力にみせられた僕は、Tさんがいろんな国に買い付けやら商談やらに行くとき、金魚のフンみたいにずっとついていって行動を共にさせていただいたりしていました。

ある年、ミャンマーから上海へ飛行機で移動したときのことです。空港には上海オフィスに駐在で、Tさんの秘書だったシュウちゃんという青年が迎えに来てくれました。彼にとってTさんは上司です。「社長、荷物を持ちます」と言って、小さなスーツケースとTさんのショルダーバッグもシュウちゃんが持ちました。

上海オフィスに到着し、中に入ろうとしたとき、Tさんが「あれ、シュウちゃん、俺のカバンは？」とたずねました。シュウちゃんは何も持っていません。シュウちゃんはカバン一式、タクシーのトランクに入れたまま出すのを忘れてしまったんです。領収書ももらっておらず、車のナンバーもわからないのでシュウちゃんは真っ青になって「タクシー会社すべてに電話します」と言って電話をかけ始めたんです。でも上海のタクシー会社なんて膨大にあるし、見つかるはずもありません。

Tさんのパスポートと財布だけでなく、Tさんがミャンマーで買い付けた宝石、現金など合わせたらいったいどれだけの損失なのか⁉　僕は「シュウちゃん、どうやって責任をとるんだろう？」と凍り付いたまま二人の様子を見守っていました。

そんな中、Tさんはどうしたかというと、慌てふためきながら電話をかけまくっているシュウちゃんに向かってポンポンと肩を叩き「お腹空いたろ？　パスタを食べに行こう。サクちゃんも一緒に行こう」と言いました。そして、三人でパスタ屋さんへ行ったのです。食べている間、Tさんはシュウちゃんに向かってひと言も文句を言わなかったし、「なんで」「どうして」と責めるようなことも言いませんでした。

まさみん　何も言われないのが一番、堪えますよね。シュウちゃんは反省したはず。きっと、何度も何度も心の中でTさんに謝っていたと思います。

櫻庭　そうだと思う。でも、僕はそんなTさんをそばで見ていて本当にすごいなと思ったし、こんな大人になりたい！　と強く思いました。

まさみん　大王様は海外に行かれて、いろいろな人とご縁し、さまざまな経験をされた中で、ものすごく成長させてもらっているんですね。

櫻庭　そうですね。海外では相当鍛えられました。思い通りにいくことのほうが少ないわけです。日本の常識は世界の非常識。こちらの常識はまったく通用しない中で仕事をしてきたのでだまされることも多くて、いくら払ったのかわからないぐらい何千万と授業料を払ってきました。そういう経験を数多くしているから、思い通りにならないことがあっても免疫ができてるからわりと平気なんです。ましてや邪兄のホームページ削除の失敗なんて本当にとるに足りないことですよ。だって、もう一度、つくり直せばいいことだからね（笑）。

邪兄　そう言っていただけると救われます。それにしてもTさんは、とんでもなく人間力が高いですね、そういう人と大王はめぐり合っているからこそ、大王自身の器も磨かれていったんでしょうね。

まさみん　Tさんがいたから、邪兄さんの謝罪があったときに、大王様の口から「やむなし」という言葉が出てきたわけですね。

邪兄　今度は僕が、大王から聞いた「やむなし」を受け継ぐ番かな。誰かが大きな失敗をしても、それをとがめることなく、「やむなし」って言うときがくるのでしょうか。

まさみん　そうなるといいですね。実は私の「いいやん」も、公務員を辞めるとき、ナオちゃんに言われた言葉なんです。私が「公務員を辞めるねん」と言ったときに、「いいやん」と言ってくれたナオちゃんの言葉を、私は心でキャッチしていたんだと思います。だから、その後、自分の周りの人に「いいやん」「いいやん」って言うようになったんだと、8年経って気づきました。そう考えるとつくづく言葉の力ってすごいなって思います。心に刺さった言葉というのはものすごいエネルギーがあって、その人の中に生き続けている。だから、きっと次の誰かにバトンのように、その言葉を渡していく瞬間が訪れるんでしょうね。

恋愛・結婚のご縁について

櫻庭 恋愛・結婚も人生において大事な縁です。まさみんは若くして結婚されていますが、迷いはなかったんですか？

まさみん 18歳で市役所に入り、最初に配属部署の部屋に入ったとき、何人かの先輩職員が迎えてくれたのですが、その一人が夫でした。顔を見た瞬間に、「この人と結婚するな」と思ったんです。ビビビというより、〝わかる、知っている〟という感じ。「いつから付き合う」といったことではなく、「結婚するんだなってことがわかる」といった感じでしょうか。

櫻庭 そこからどのように交際に発展していかれたんですか？

まさみん 出会って3カ月ぐらい経った6月末に夫から告白されて交際がスタートしました。私の中では最初から結婚すると感じていたので、とても自然な流れでしたね。

邪兄 僕は全然まさみんと違います。大王と出会って以降、僕の運命は劇的に変わり、お付き合いしていた人とは別れることになって、その後、新しく出会った人と結婚しました。その決め手は〝懐かしい〟という感覚でしたね。

まさみん　私も出会ったときから、家族のような感じのほうが強かったです。ドキドキもあるけど安心感のほうが大きかったです。

邪兄　僕はドキドキもしなかった。昔からの友達のような。実際、「どこかでお会いしましたっけ?」が最初の会話でした。ナンパではなくて、シンプルにそういう感じでした。

まさみん　私の場合、「こういう人と結婚する」というのがわりと早い時期から明確だったんです。それが予想通り、ガチッとハマったという感じでした。

櫻庭　それはどのような条件だったんですか?

まさみん　「家のことは女がすべてする!」ではなく、家事の分担をしてくれる人、絶対怒らない人、私を自由にしてくれる人など、頭の中に結婚相手のイメージが明確にありました。

それまで両親の加護のもとで育ってきたせいか(今思えば、自分が自分を縛り、不自由にしていたのは自分自身だったのですが)、私の中で自由になりたいという気持ちが大きくなっていて、結婚が自由に生きるチャンスのように感じていたのかもしれません。そういう意味で夫は最高のパートナーになり得る人でした。私を束縛するところが最初から全然なかったんです。「ああ、自由にさせてくれる人だな」と、それが心地よかったのもあります。

また、出会った当初、私が18歳で彼は25歳。25歳から見れば18歳なんて子どもですよね。それもラッキーでした。たとえば、ぬか漬けをぬかに漬けたまま出しても怒らなくて「たぶん、ぬかは取るんだと思うよ」と優しく教えてくれてましたし（笑）。今もそんな感じで優しいところは変わらない。本当にいい人に出会えてよかったです。

恋愛というご縁にも学びがある

邪兄　そういう自分の理想のパートナーとのご縁というのも、なかなかめぐってこないですよね。めぐり会えるコツなんてないような気もするし。

まさみん　そうですね。「ビビビの直感を信じる」というようなことだとは思うのですが、何をもってビビビなのか、直感なのか、そしてそのビビビをどう信じていいのかは、私もわかりません。恋愛とか結婚というご縁について大王様はいかがですか？

櫻庭　僕はひと目惚れオンリー（笑）。出会った瞬間に落雷に撃たれる（笑）。ふつうは一緒にいて気がついたら好きになっていたみたいな感じなんでしょ？　僕はもう出会った瞬間からマックスです。そして、僕が好きになる人のパターンって大体決まっています。

まさみん　そうなんですか？　いつも同じタイプの人を好きになるということなんですね。

櫻庭　というか、好きになる人って結局、好きにさせられてるっていうのが僕の世界観。みんな自分が好きになったと思いがちだけど、好きにさせられているんですよ。すべて魂の修行。

なぜなら、自分に足りないものを魂が求めて、その人のことを好きになるからです。恋愛の最初の頃って、「好きだ」「惚れた」という思いだけで、一緒にいて楽しく過ごすことができますよね。でも、そういう気持ちは永遠には続かず、それどころか場合によっては相手への恋愛感情も冷めてきたりして、挙げ句の果てにはそれぞれの自我が出てきて衝突し始めたりします。でも、それでいいんです。魂は凸凹の形をしていて、自分のへっこんだ部分を相手が持っているから、互いに足りない部分を補いながらときにくっついたり、ケンカしながらも成長していくわけです。

ケンカと仲直りを永遠に繰り返して共に人生を生きるのが夫婦ですよ。そういう人と出会えるというのはある意味すごいことだと思います。

まさみん　なるほど。自分に足りないものを補ってくれる人を互いに求め合っていて、合致した人と結婚するようになっているということですね。

櫻庭　結婚する・しないは別として、好きになる人は自分にはない部分を補ってくれる人だということ。つまり自分の価値観の外側にいる人ですよね。もともと自分の内側にない価値観を持っている人を好きになるのが人間。どんなに好きになってもその人を変えることはできません。受け入れるしかないんです。それができないと、場合によっては破局を迎えることになるというわけです。

まさみん　別れないようにするため、うまくお互いの凹凸を受け入れながら一緒にいるためにはどうすればいいんでしょうか。

櫻庭　自分の価値観の外側にいる人を認められるよう、自分の扇を広げて受け入れるしかないでしょうね。自分の価値観のキャパシティーを広げて多様な価値観を受け入れることができるようになれば、衝突も少なくかかわっていけるのではないでしょうか。これは何も恋愛や結婚に限ったことではなく、人とかかわるうえで大切なことだと思いますよ。

邪兄　なるほど。自分の器を大きくして、キャパシティーを広げる。ということは、恋愛によって自分をさらに成長させることもできるというわけですね。

恋愛運を高めるには、自分が何をしてあげたいかを考える

まさみん　ところで、大王様が考える恋愛運を高めるコツってどんなことでしょうか？

櫻庭　恋愛運を高めるというのは、彼氏がほしい、彼女がほしいと思っている人たちがどうすればいいかということですよね。これはもう簡単ですよ。好きな人ができた

ら、その人のために自分が何をしてあげたいかを考えて、10個リストにして書き出すことです。

彼氏がほしい、彼女がほしいと言っている人の多くは、基本的に「彼氏ができたら、こんなことをしてほしい」「あんなことをしてほしい」と自分が与えられることばかり、要求することばかりを考えている「くれくれ星人」が多いんです。だから、誰も来てくれないんです。

まだ恋人がいないのであれば、「彼氏ができたら手料理を食べさせてあげたい」など、どうしたら相手が喜んでくれるのかを詳細にリストにして10個書いておく。それが準備になるわけです。

まさみん　恋愛も準備が必要というわけですね。

櫻庭　そうしないと真のパートナーは現れないのではないでしょうか。「くれくれ星人だったけど、それなりに準備もしてきたわ」という人がいるかもしれません。でも、そういう人にはそれ相応の人しか現れません。それゆえ、すぐに別れるか、やっかいな揉めごとにつながってしまうことが多いのではないでしょうか。

まさみん　ちゃんと準備ができたかどうかのサインはあるのでしょうか？

櫻庭　目に見えない神様がＧＯサインを出してくれます。心の底から、相手が喜ぶことをしてあげたいと思っているかどうかをちゃんと神様が見てくださっている。なかなか現れないという人は、まだ心から「こんな喜ぶことをしてあげたい」と思えていないのではないでしょうか。だからいいご縁が訪れないのかもしれません。

まさみん　なるほど、神様は私たちの心をちゃんと見ているわけですね。

櫻庭　「彼氏ができたら、こんなことをして喜ばせてあげたい」「こんなところへ連れて行ってあげたい」と真剣に考えたり、恋愛を通して「自分はどんなふうになっていきたいか」を考えたりすることが大切です。何より恋愛に対して能動的な自分であることです。たとえば、「彼氏がほしい」と言いながら、実は自分の心の隙間を埋めてくれる人を求めているだけだったりする人もいます。そういう受け身というか、誰かに何かをしてほしいというヨコシマな思いを神様は全部お見通しなんですよ。

まさみん　純度高く、相手が喜ぶことをしてあげたいという思いにはドロッとしたものが微塵もないですよね。反対に、自分が相手にしてほしいことを求めすぎると何かドロっとしたものを感じます。

櫻庭　神様は、ドロッとしたものが嫌いなんです。あくまで僕の世界観ですが、そう思っています。恋愛で出会う人も上から見ている神様の指令一つで決まる。その人の人生をどうしようかと見定めているんだと思います。つまり、神様に喜ばれる生き方をしていかないと、その人の人生は良くはならない。最終的には「いい人になる」ということしかないわけですよね。

まさみん　結婚はどうなんでしょう？　私はビビビで「あ、この人と結婚する」と思ってそのまま結婚してしまったので、あまり参考にならないパターンだと思いますが。

櫻庭　でも、今も幸せなんだよね。

まさみん　はい！

櫻庭　ラブリーな夫婦って素晴らしいよね。そんな二人の今生はご褒美なんだと思います。きっと前世で徳を積んできたからなんでしょうね。そもそも結婚はウェディングベルが鳴ってからが本当の結婚、あのベルは闘いのゴングなのかも（笑）。きっとコレを読んでる人で深くうなづいてる人、いるはずだよ。まさに今、絶賛戦闘中の方もいるかもね（笑）。

まさみん　えー、そうなんですか？　結婚するときに迷いがあったら、その負の感情をいずれまた味わうことになりそうで怖いです。

櫻庭　そうかもしれないですね。だいたい人生はすべて感情のおもむくままに動いていく。投げかけた感情通りの人生になったりするものなんです。結婚の時点で、マリッジブルーかもなんて思っていたら、やがてうまくいかなくなることが多いというものです。

学びのないご縁は消えていく

まさみん　結婚してずっと添い遂げる夫婦もいますが、離婚する夫婦もいます。同じご縁から始まったのに、別れてしまう人がいるのも何か意味があるのでしょうか。

櫻庭　離婚する人たちは、一応その人との学びがすべて終了したということなんだと思います。学びが終わったから、必然的に別れ、次の方へと。それを延々と繰り返す人もいますしね。

まさみん　ご縁があって結婚しても、別れてしまうというのもまた人生の学びなんですね。奥が深いですね。

櫻庭　恋愛とか結婚に関係なく、これまでの人間関係の中で、ちょっとこの人は勘弁だなという人はいなかったですか？

まさみん　最近は、嫌な人と出会うことが少なくなりました。以前は、ガンガン言ってくる人とか、自己アピールばかりする人もいましたが。

櫻庭　苦手なタイプは？

まさみん　むやみに人を傷つけたり、陥れる人。たとえば、学校の先生やダンナさんの悪口ばかり言っている人です。そういう人がそばにいたら、距離を置きます。

櫻庭　運をよくするには身の周りの環境を整えることが大切とよく言っているのですが、人間関係においても同じ。もし、今、人付き合いで悩んでいたり、新しい出会いが欲しかったりするのであれば、思い切って自分の運気を下げている身の周りの人との縁を切る勇気も大切です。どこか自分が無理をしているな、我慢をしているなと思う人と付き合っていても、いいことはありません。

まさみん　確かにそうですね。無理して気の進まない人と仲良くしていても、あまりいいことはなさそうですね。

第2章

いいやん！で「ご縁」の輪は自然に広がる

まさみん

「公務員が夢」だった私が大転換するまで

改めまして、朝活ファシリテーターのまさみんです。

いきなり大王と対談している「まさみん」って誰!? と思っておられる方もいらっしゃると思いますので、ここで少し自分の話をさせていただこうと思います。第1章の対談で触れた内容も含まれていますが、そこはご容赦ください。

今でこそ、「この人とこの人がつながったら、きっとおもしろくなる！」とワクワクしながら生きている私ですが、実は29歳までかなり内気で保守的でした。現在とは完全に真逆。何かひらめいても行動せず、優先順位もなかなか決められなくて、今日できることでも明日にまわしてしまう、やらない理由を探すのが得意な人間でした。

そういう自分の殻をなかなか破れず、ずっと悶々と過ごしていました。そんな私がなぜ今のように変われたのか。そこにはやはりさまざまな出会いとご縁があり、多くの学びを得ることができたからだと思います。

私は1985年、滋賀県で生まれ、育ちました。父は今はもう退職していますが、警察官です。母は警察官である父を支えるのが仕事という感じで、昭和の専業主婦像のような人でした。

父は非常に真面目で、正義感が強い人です。そうした父の厳しい教えもあって、「悪者は許さない」「悪い人がいたら逮捕しなくてはいけない」といった感覚が、物心ついたときから私にも備わっていたように思います。

「公務員になれば幸せになれるよ」

これが父の教えでした。「安定した仕事に就くことが人にとって一番の幸せ」と私は教え込まれ、中学生の頃の夢は「公務員になること」（笑）。高校になってもその夢は変わらずに毎日を過ごしていました。

今振り返ると、父に洗脳され過ぎで恥ずかしいですが、「公務員＝幸せ」と思い込んでいたので、公務員になれなければ不幸せなんだと思っていました。

晴れて公務員になったものの……

高校卒業後、晴れて公務員になり、地元の市役所に勤め始めました。公務員になれば幸せになれると思っていたので、とてもうれしかったのを覚えています。

当時、18歳とまだ若かったこともあり、どこか他力本願で、せっかく公務員になったんだから何もしなくてもいいや、がんばらなくてもきっと幸せになれるんだと本気で思っていました。

ですが、公務員になっただけでは幸せにはなれませんでした。

今なら、それがなぜなのかよくわかりますが、あの頃は「なんで？」と思っていました。幼い頃から夢に描いてきた〝公務員になる〟という幸せのゴールテープを切ったのに、幸せを実感することはできず、心に空いた穴がいつまでも埋まらないような感覚で、また、それがなぜ埋まらないのかわかりませんでした。

18歳で出会った夫と21歳で職場結婚

私は小学生の頃からずっと、公務員になることだけでなく、若いお母さんにも憧れていました。7歳上の夫とは、18歳のときに職場で出会い、21歳のときに結婚しました。そして、22歳のときに長女を、24歳で次女を出産しました。なので、私の2つ目の願いもここで叶ったことになります。次女が産まれた年には家も買いました。

公務員という安定した仕事に就いて、優しいパートナーにめぐり会って結婚し、希望通り早くに子どもを授かり、しかも夢のマイホームまで手に入れたのです。これで私は幸せになれるはずでした。

幸せのアイテムすべてを手に入れても心は満たされず

公務員、人生のパートナー、可愛い子どもたち、マイホーム。

高校時代に思い描いていた夢のアイテムはすべて手に入れました。それなのに、私の心のコップが満たされることはありませんでした。

夫は優しいし、子どもも可愛い。はたから見れば、すごく幸せで恵まれた環境なのに、大切な心の中心部分の「幸せ」のピースが埋まっていないような感じがしていました。

原因は、自分が心底「やりたい」と思ったことをやっていなかったら。

当時の私は、幼い頃からの思考から抜け出せず、どこか周りの目や世間体を気にしながら、言葉を発していました。自分の言葉と気持ちが一致していなかったのです。これが、心の中心部分が埋まらなかった原因だったと思います。

他人と比べて「自分は大丈夫」という安心感を得たり、「私はダメだ」と自分を責めたり……。自分ではなく、他人のものさしで幸せを計っていたのです。

また、子育てにしても、同じように人の目を気にしていました。「この子たちには自分の人生を自分で歩んでほしい」と頭ではわかっていても、「他の子よりも○○できるようになってほしい」と思ってしまったり、子どもが近所の人に「きちんとあいさつができるんだね、えらいね」と言われると、何だか自分が褒められたような気持ちになったりしていました。評価の基準が自分や子どもじゃなくて、周りからどう思われるかになってしまっていたのです。

次女が産まれてすぐの頃です。まだ3歳の長女に向かって「お姉ちゃんなんだからもっとしっかりして！」とイライラして当たり散らしてしまっていたり。「こんな母親にはなりたくない」と思っていた母親に、気づいたら自分がなってしまっていたことに絶望したりもしました。

24歳の出会いで意識に変化が

それまで切望していた幸せのアイテムをすべて手に入れることができたものの、なんだかどうも違う。ふつうに幸せなのだけど、なぜか心が満たされない日々に、「きっとこれではないんだな」とようやく気づいたのが24歳のときです。結局、私が「幸せ」と思い込んでいたものは、〝父が考えた私の幸せ〟だったのです。

とは言ったものの、これまでずっとそう思って生きてきた私は、簡単には考えを変えることができませんでした。これから先どうやって生きていけばいいのかわからず、怖くてしかたない毎日を過ごしていました。

そんなある日、子ども二人を連れて市内のある子育てサークルを訪れる機会がありました。そこで、運命の出会いをします。地域の子育て中のお母さんたちに〝居場所をつくりたい〟と奮闘していた堀江尚子さんとの出会いでした。彼女自身、三人の男の子を持つ子育て中のお母さんでありながら、熱心に、そしてイキイキと人のために活動していて、その姿は、私にはとてもキラキラと輝いて見えました。

彼女こそ、何度も登場している「ナオちゃん」です。

24歳のときの、このナオちゃんとの出会いが、私のその後の人生に大きな大きな影響を与えたのです。

ナオちゃんは、自分のやりたいことに、常に全力で取り組んでいました。まさに「生きている!」って感じです。何より、ナオちゃんは誰に対してもオープンマインドでみんなを受け入れていて、だからこそ、周りからも受け入れられる。そんな彼女が私にはまぶしくてしかたがありませんでした。

人生の180度大転換に向けて29歳で一念発起

繰り返しになりますが、それまでの私は、何ごとも自分で決断できず、思ったことも行動に移せない、そんな日々を過ごしていました。「でも」「だって」「どうせ」がお決まりの口グセで、できないこと、やらないことは、何でも人や環境のせいにしていました。

そんな自分とようやく決別できたのは29歳のとき。私は「これからは私の人生を生きる」と決意を新たにします。そのときに決めたルールが、「もう言い訳はしない」ということでした。そして、これまでずっとできない・やらないの言い訳にしてきた公務員という肩書きを手放すことにしたのです。

どうなるかはわからないけれど、とにかくこの先は「自分の人生を生きてみよう」そんなことだけぼんやりと考えていました。

退職を決意したことを報告するため、ナオちゃんに電話をしたときのことです。

「実は市役所を辞めようと思う」

そうすると、開口一番ナオちゃんから返ってきた言葉は

「いいやん！」

でした。そして

「自分の人生やもんな。自分が生きたいように生きるって、めっちゃいいと思うで」

と言ってくれたのです。

続けて、その会話の中で、「映画『うまれる』(※)の自主上映会を開催したいと思って

※映画『うまれる』は2010年制作。豪田トモ監督によるドキュメンタリー映画。「胎内記憶」をモチーフに、絆や命の大切さについて問う内容になっている。

いるのだけど、一緒にやらない？」と誘ってくれたのです。

ナオちゃんがあまりにも楽しそうに話すので、私もワクワクしてきて、自然と「やりたい」と答えていました。

初めて挑戦した自主上映会が大成功!?

これまでの人生の中で、自分の意思でやると決めて何かに挑戦するのは初めてのことだったと思います。

イベントを一から全部自分たちだけでやるような経験は、もちろんありませんでした。しかも、私だけでなく、上映会にかかわるスタッフの多くは子育て中のママ。未経験者が多い中、みんな一人ひとりが自分のできることを考え、思いついたことを片っ端から周りの人に相談しました。すると、不思議なことにイベント企画に詳しい人につながることができて、プランの組み方、進め方など、当日までの段取りを教えてもらうことができたのです。

そんな具合に、一人ひとりが行動すればするほど、協力してくれる仲間が増えていきました。そこには、今までに経験したことのない、何物にも代えることのできない高揚感や充実感がありました。同じ志を持つみんなと一緒に〝高め合っていく〟という活動は、私の心を満たし、「自分一人では無理なことも、仲間とならできるんだ」と確信するのに充分な体験となったのです。

結局、自主上映会は大成功。600人収容の地元で最も大きなホール会場が、午前の部も午後の部も満席になりました。

地域をもっと盛り上げたい！ NPO法人設立へ

「地域を一つにしたい」という思いでナオちゃんが企画した自主上映会。みんなで全力で走り抜け、やり遂げた結果、ナオちゃんや私の周りにはたくさんの仲間ができました。

上映会実施後も、地域を元気にしたいと動きまわっていた私たちを見て、ある人から「NPO法人をつくってみては？」と提案され、なおちゃんが活動していた子育てサークルから、「くさつ未来プロジェクト」と名を変え、法人化を目指すことになったのです。

もちろん、ナオちゃんが代表。私も何かお手伝いできることがあればと思っていたところ、突然ナオちゃんから「まさみん！　副代表になってほしい！」と電話がありました。驚きましたが、まだまだ一人では何もできない私に、未来の可能性を見出して任せようとしてくれていることがうれしくて、期待に応えたいと心から思いました。当時、自分でもわかっていなかった私の才能や可能性に光を当ててくれたナオちゃん。

今、私が周りの人の未来の可能性を見ることができるようになったのは、間違いなくこの経験があったおかげです。

「くさつ未来プロジェクト」の活動内容は、子育て世代を中心に、お母さんたちの居場所づくりと各種講演会事業、そして、地域のイベントにボランティアスタッフとしてかかわらせていただく地域支援事業など、多岐にわたります。

そんな中で、いつも抱えていたのは資金調達の問題でした。ＮＰＯ法人の法人格を取得しても、すぐに寄附金や補助金をいただけるわけではありません。地域を良くしたいという思いだけでは活動資金を集めることはできない。じゃあどうすれば地域の人たちに応援してもらえる社会活動になるのだろう……ということをずっと考えていました。

寄附をめぐって忘れられないエピソードがあります。2017年、私たちは、次年度の活動資金を集めるために奔走していました。あと3日以内に目標金額に到達しないと、次年度に計画していた事業ができない……。そんな追い込まれた状況でした。最後まで諦めずにやり抜こうと必死に走りまわっていると、奇跡が起きたのです。

「まさみん！　いつも見てるで！　まさみんに合わせたい人がいるんやけど、明日、空いてる？」

翌日、こんなふうに言ってくれる知り合いに連れて行かれたのは、とある方のご自宅。部屋に通されると、すぐさま、「まさみんたちがやりたいことを話して」と言われたのです。「子どもたちに自信を持ってもらいたいこと、そのためにロケット教室を開催したいこと、この事業を続けていって、まずは1000機のロケットを飛ばしたい（1000人の子どもたちに体験をさせてあげたい）」ということを伝えました。

もちろん、この方を紹介してくれた、知り合いの方の信頼が後押しをしてくれた部分もあっただろうとは思います。でも、決してうまくはない私のプレゼンを聞いて、その方は、「わかった、応援する」とおっしゃって、まとまったお金を出してくださったのです。自分たちの思いに共感してもらえたことへのうれしさを噛みしめると同時に、私もいつかはこの方のように、誰かを応援できる人になりたいと強く思いました。すると、ふと頭の中で、ある将来のイメージが思い浮かんだのです。

「くさつ未来プロジェクト」の仲間を応援している私。

その周りは、同じように共感して「くさつ未来プロジェクト」を応援する仲間であふれていて、みんな笑顔……。

そうか、もしかすると、こんなかかわり方もできるのかもしれない、と思いました。そして私は「くさつ未来プロジェクト」を中からではなく、外から応援しようと決め、2年間の任期満了のタイミングで「くさつ未来プロジェクト」の副代表を退任することに決めました。

筆文字とのご縁によってまた人生が動き出す

公務員を辞めたときと同様、NPOの活動を辞めてから具体的に何をするかは、まったく決めていませんでした。完全にフリーになってからは、自身の子育てをしながら、空いている時間を使って知り合いの人の話を聞いたり、友人がやりたいことを応援したりして過ごしていました。たとえば、講演会を開催しようとする友人がいたら、受付を手伝ったり、物販を手伝ったりで、自分ができる範囲で人を応援しようと行動していました。

そうしているうちに運命の出会いがやってきます。それが、筆文字でした。とある筆文字の講習会に行った友人が「前回、とてもおもしろかったから、一緒に行こう！」と誘ってくれたのが始まりです。

学校の書道の時間は正直苦手でしたが、自分が思うように、好きなように、そして自由に表現できる筆文字は新鮮で、本当に楽しく、時間が過ぎるのを忘れるほど没頭しました。最初のうちはお世辞にもうまくなかったと思うのですが、私が一筆描くと、横にいた褒め上手な友人が、

「天才!」

「家宝にする!」(笑)

と言って本気で喜んでくれて、私を筆文字の世界へ導いてくれたのです。私が描いた作品を見て、「すごい!」と喜んでくれる人がいることが本当にうれしくて、夢中で作品を描き続けたのを覚えています。人を喜ばすことには強いパワーがあるなぁと、そのとき改めて思いました。結局、3日間で100枚くらいの作品を描き続けた私(笑)。作品を見て、欲しいと言ってくれる人もいて、そこからまた、どんどん輪が広がっていきました。

心からの「楽しい」で始まる行動やエネルギーには、無限の可能性があり、自分だけでなく周囲をも巻き込んでいく強い力があるのだと、このとき実感したのです。

勢いに乗って3週間後に個展を開く

今、振り返ってみてもこのときの熱量と勢いはすごかったと思います。作品を「欲しい」と言ってくれる人が多くなり過ぎて、作品を渡したいのに、それが追いつかない状況になってきたのです。

そんなとき、友人の一人から「個展をしてみたら？」と提案されたので、個展ならもっとたくさんの人に作品を見てもらえるし、そこで作品を直接プレゼントしたら、もっと喜んでもらえるかもしれない……と、だんだんその気になってきました（笑）。

「思いついたら即行動！」が、そのときに決めていた私のルール。筆文字と出会ってわずか3週間後、知り合いにご協力いただいて、喫茶店で個展を開くことができました。ＮＰＯ法人でも実践してきた

筆文字の作品（左）と個展の様子（右）。

「動き続けること」が、別の道でも通用するということ、それが自分だけなく周りの人をも喜ばせることにつながっているんだということを、改めて実感しました。数カ月後には、筆文字の描き方を教えてほしいとの依頼を受けて、筆文字の講師として人に教えたり、筆文字で日めくりカレンダーの言葉を書いてほしいと頼まれたりして、活動の幅がどんどん広がっていきました。

植松努さんの「日めくりカレンダー」にも、まさみんの筆文字が使用されている。

実は最初の頃、夫に「そんな昨日今日始めた書を、自信満々でよく人に見せられるね」と言われたんです。確かにおっしゃる通り！（笑）。きっと、以前の私であれば、そこで落ち込んで、描くのをやめていたかもしれません。でも、そのとき私が集中して筆文字に取り組めていたのは、友人が喜んでくれる姿があったからでした。誰かのために作品を描くということを意識することで、もっとうまくなりたい！　もっと人を驚かせたい！　とワクワクする気持ちが私の中であふれてくるのを感じていました。

数週間後、あきれていた夫も「めちゃくちゃ上達のスピードが速い！　もう、いっぱしのプロ並みだね」と言ってくれました（笑）。

何より筆文字と出会って私が学んだことは、少しでも気になったらまずは行動してみることの大切さ。そして、「いいやん！」という言葉のパワーです。

私の描いた筆文字の作品を見て、「いいやん！　私にも描いて」と言ってくれる人がいてくれたおかげで、無我夢中で描き続けることができたし、活動の幅を広げることができたのです。私は筆文字を通して本当に成長できたと思います。

朝活はふと自分に問いかけたことから始まった

私の現在の肩書は、朝活のファシリテーターだと紹介しました。筆文字アーティストから、どうして朝活ファシリテーターになったかというと、これも「やりたい」という気持ちから生まれたものでした。

筆文字アーティストとして誰かのために書を描いたり、習いたいという人にセミナーで教えたりという活動を続けるうちに、これは私にしかできないことなんだ！　と妙に納得している私がありました。

私は筆文字を描くとき、ずっと自問自答を繰り返しています。文字を書くということは自分を内観する行為でもあるのです。

筆文字による自分への問いかけを通じて、私は自分のことを深く知ることができました。だから私は、全国各地で筆文字セミナーを開催させていただく際、文字の描き方だけでなく、筆文字を通して自分と向き合い、自分を知る大切を伝えることを大切にしてきました。

なぜ早起きができないのか

あるとき、早起きをすれば人生が良くなると聞いているのに、なぜ私はやらないままにしているのだろう？　と、ふと思ったんです。最近は「一度やってみて、無理だったらやめてもいい」をモットーにいろいろチャレンジしてきたのに、早起きだけはやる前から諦めている自分に気づいて、何か気持ち悪いな…と感じました。

朝が極端に弱かった私は、一人ではきっと続かないと思って、一緒に付き合ってくれる仲間を募りました。なんと10人ほどがやりたいと言ってくれて、私の早起きの生活が始まることになったのです。

これが朝活の始まりで、スタートしたときの時間は午前5時半から30分間。２０２０年2月のことでした。

せっかくみんなで早起きをして時間を共有するのであれば、何か私にできることはないかな？　と考え、思いついたのは、すでに効果を実感していた自分への「問いかけ」と「早起き」を組み合わせることでした。この自分への問いかけの朝活は、4年たった今でも、音（おと）を学（まな）ぶ大人の学び「おとまな」として続いています。

効果はてきめん！ 朝活は人を成長させる

朝活では、参加する人がそれぞれ、その日、気づいたことを言葉にしていきます。そして、その日のお題を出して、10分間で自分に問いかけを行い、思ったこと、感じたことを書き出してもらいます。その後、また10分ぐらいかけてみんなでそれをシェアするといったことを毎日繰り返します。

たとえば、「あなたにとって幸せってなんですか？」という問いかけをしたとします。それに対して「私にとって幸せは、笑顔で生きること」「挑戦できる環境があること」「美味しいご飯を食べること」「ゆっくりとお風呂につかること」「人とたくさん話すこと」などといったそれぞれの答えをみんなでシェアします。

日中、仕事や家事に追われ、気持ちが乱れるようなことがあったとしても、毎日行うこの問いかけの時間があることによって、自分の心を整えることができていることにだんだんと気づいてきます。

この朝活の不思議なところは、無理に前向きになろうとしなくても、自然と前を向きたくなってしまう点です。大人になってからでも成長できるということを実感している！と、参加者の反応も上々で、私は朝活に手応えを感じていました。

午前5時半から始めていた朝活ですが、参加者一人ひとりの気づきをシェアする時間をとるので、どうしても人数が限られてしまいます。定員が満席となり、参加をお断りしているうちに、ありがたいことに枠を増やしてほしいという声をいただくようになり、翌月の3月からは午前5時からと5時半からの2部制で実施することになりました。

こうして、自分への問いかけの朝活「おとまな(※)」の運営は、私の「朝活ファシリテーター」としての仕事になっていきます。

朝活を通してみんながどんどん成長していく姿を目の当たりにして、私自身ももっと成長したい！と思うようになり、本を読み始めることにしました。

でも、日中は家事や育児に追われて読書に集中できません。どうしたら集中して読

※「おとまな」は有料サービスとして実施しています。

書ができるかと考えていると、朝の時間を活用してみてはどうかとひらめいたのです。

起きる時間が徐々に早くなる

さて、午前5時からの朝活をスタートしたときには、その準備のため、すでに4時に起きて支度をするようになっていた私。その午前4時起きを3時45分に早め、さらには3時半、3時15分と、少しずつ前倒ししていったところ、3カ月後の2020年6月には、毎日午前3時に起きられるようになっていました。

3時に起きて本を読み、その日一日を始める習慣を始めたことで、1日を気持ちよく過ごせることに気がついた私は、またまたこれを誰かに教えたくなって、「一緒に午前3時起きをやりませんか？（笑）」とSNSでつぶやいたところ、青森に住む友人エイミーが「やるやる！（笑）」と手を挙げてくれたので、二人でこれを続けていると、すっかり午前3時起きの習慣が身についたのです。

静かな自習室「午前3時の手帳会」

たった二人で始めた午前3時からの朝活、それが「午前3時の手帳会」の始まりでした。365日、毎日休みなくオープンしている自習室です。

「午前3時」という強烈なインパクトから、「そんな時間に起きることはできません！」とよく言われるのですが、私が伝えたいのは、午前3時に起きるというところではないのです。5分でもいいのでいつもより少し早く起きて、その時間に読みたかった本を読むとか、好きなコーヒーを淹れるとか、自分がやりたいこと、自分にとって心地がいいことから1日をスタートさせることで、驚くほど充実した1日を過ごすことができるようになる、ということなんです。ぜひ一度はやってみてほしいと思います。

「午前3時の手帳会」は、今では毎朝約100人が集まるみんなの居場所になっています。午前3時にオンラインでミーティングルームをスタートさせると、起きた方から順番に集まってきます。それぞれ本を読んだり、勉強したり、お弁当をつくったり……。各々が好きなことをしています。基本的には、画面オフ、ミュートでの参加なので、みなさんが実際に何をしているのかは、私にはわかりません。塾の自習室をオンラインでやっているとイメージしてもらえるとわかりやすいかもしれません。勉強は家でもできるけれど、自分が集中できる環境に身を置くために、わざわざ塾の自習室へ行くじゃないですか。それと似ています。

参加者全員に午前3時起きを目指してほしいということでやっているものではないので、それぞれ好きなタイミングで入ってきてくれればいい、というスタイルでやっています。「午前3時の手帳会」への参加は無料です。

ちなみに、今は午前3時からYouTubeなどにアップされている運動の動画を共有して、みんなで身体を動かしています。健康のために毎日少しの時間でも身体を動かしたいと思っている人も多いはず。運動は強制ではありませんが、毎日、参加してくれている方もいます。それぞれが自分の好きなことに時間を使うのが「午前3時の手帳会」です。

共通しているのは〝つながっている〟ということ。オンラインではありますが、みんな「一人ではない」という気持ちになれるし、それが〝継続の力〟になっているんです。もちろん、私が一番それを感じています。

4時25分からはストレッチ、4時35分からの10分間はシェアタイム。ここで、画面オンにするメンバーもいます。このシェアタイムにメンバー同士で話をするのが楽しくて参加してくれている人もいます。とにかくみんなと話しているとエネルギーが上がります。

ご縁のある人が次なる場所へ連れて行ってくれる

身体を動かした後、私はたいてい読書をしています。読書をしていると、知らない世界を知ることができて、どんどん自分の視野が広がります。そこから、人とのご縁が生まれたりもします。

朝を自分の好きなことから始めると、その日一日がとても充実します。ぜひ一度、みなさんも体験してみてください。気持ちよさがわかっていただけると思います。

たくさんのことを教えてくれた永遠のメンター「ナオちゃん」

本書でも何度も登場するナオちゃんこと、堀江尚子さん。私のこれまでの人生で、間違いなく一番大きな影響を与えてくれた人です。彼女と出会えたことで、私は本当に変わることができました。

ナオちゃんは私にさまざまなことを教えてくれました。「人は迷っている間にも、限りある命の時間を消費しながら生きている。だから、迷っている時間なんてないんだよ」ということを、自身の生き様を通して私に教えてくれました。

闘病しながらフリースクールを立ち上げる

2023年4月、いつも元気いっぱいだったナオちゃんが、身体の異変を感じて病院を受診したところ、すい臓がんであることが判明したのです。医師から伝えられたのは、余命半年という信じられない現実でした。突然のことで私も大きなショックを受けましたが、本人の悲しみや絶望感、その耐え難い感情は察するに余りあったと思います。

でも、ナオちゃんはそれを微塵も感じさせませんでした。もしかすると、家族には弱い面を見せていたのかもしれませんが、私の前でのナオちゃんは、常に前を向いている「いつものナオちゃん」のまま、そこにいました。そして、「この命に限りがあるとわかった瞬間、やっぱり『やる』って決めたことがある。私、フリースクールをつくるわ！」と宣言したのです。

フリースクールをつくることは、ナオちゃんの長年の夢でした。

ナオちゃんがいつも言っていたことは、子どもたちの周囲３６０度に、さまざまな大人がいるようにしてあげたい。そうすれば、自分のお母さん、お父さんだけではなく、さまざまな大人の価値観を知ることができます。そんなフリースクールをつくり、学校へ行きづらい子どもたちの居場所をつくりたいと語っていました。

実現するには場所の確保、さらに改装したり、物品を揃える資金が必要です。体調が優れない日もあり何度も諦めかけますが、不思議な力に後押しされるようにクラウドファンディングを開始。８００万円を集めて場所を確保し、多くの方に支えていただきながら内装工事を行い、２０２３年11月１日にオープンしました。

お花で埋め尽くされたお葬式

命の終わりまで全力で駆け抜けたナオちゃん。

人は、自身の命の終わりを意識したとき、残りの人生をどのように過ごそうと思うでしょうか。今まで散々働きづめだったんだから、残された時間は、ちょっとゆっくりしようとか、自分の好きなことをして過ごそう、などと考える人が多いのではないかと思います。

でも、ナオちゃんは違いました。命の灯が尽きる最期のそのときまで、自分がやりたいことをブレずに追い求めて、自分らしく全力で生き抜きました。

ナオちゃんのすごさを実感したのはお葬式のときです。

ナオちゃんのお葬式には、参列する人が絶えず、会場に入り切れずにあふれていました。

会場全体が献花であふれていました。壇上だけでなく、横や後ろの壁が花で埋め尽くされていました。あんなにも花にあふれたお葬式は初めてでした。

お葬式の場で印象的だったのは、花いっぱいに囲まれて幸せそうなナオちゃんの顔でした。

ナオちゃんとは現世でのお別れをしましたが、なぜか私にはそれが彼女との永遠の「別れ」には思えない、不思議な感覚があるのです。

それが何なのかはわかりませんが、また新たにナオちゃんと共に生きる人生が始まったような気がするのです。常にそばで見守ってくれている感じがするんです。

私の人生を変えてくれたかけがえのない人。そういう人と出会えたことを、私はこれからも大事にして生きていきます。

全力で生きるクセをつけると人が集まってくれる

以前の私は、たとえばナオちゃんが「神様がどうのこうの」という話を始めると、「神様とか言わんといて」と言うほど、神様とか目に見えない存在を信じていませんでした。

ところが、最近は神様の存在を信じるようになりました。

なぜなら、奇跡のような出会いが次々と起きたから。これはもう自分だけの力だけではない！　というような奇跡的な出会いがたくさんあったんです。

そんな気持ちもあって、最近は誰か特定の人を喜ばせるのではなくても、「神様が喜んでくれそうなことは率先してやる」ことを心がけています。たとえば、ゴミが落ちていたら拾ったり。まあ、こうしたことはふつうにやったほうがいいことですが。

神様の存在を信じられなかった頃の私――公務員だった頃――は、本当にひどいものでした。心のどこかで社会に対していつも怒っていました。たとえば、「ゴミが落ちているのに、なぜ誰も拾わないの？」と、自分のことは棚に上げて文句を言っていたように思います。家族にも仕事にも恵まれ、このうえなく幸せだったはずなのに、それが見えていなかったんです。

でも、24歳でナオちゃんと出会い、29歳で公務員を辞めて徐々に意識が変わり、朝活を始めてからはさらに神様の存在まで信じられるようになりました。

神様を信じるといっても宗教に入るとかではなく、〝目に見えない存在が自分を守ってくれているかもしれない〟と思えるようになった、という感覚です。

そんなふうに自分の意識が変わると、周りの世界も変わり、出会う人たちも自然と変わっていきました。

意識が変わって出会う人も変わった

第3章の大王様との対談で私の行動力についても触れていただいています。

実感しているのは、自分から動ける人になったことで、確実にご縁の幅が広がったこと。おもしろいのは、自分が動いていると、人のことをとやかく言っている場合じゃなくなること。気づいたら自分のことも自然と認められるようになり、他人のことも認められるようになっていました。

だから、できれば多くの人に〝まずは行動すること〟をおすすめしたいです。

私もいろいろなことに挑戦するようになり、たくさんの人とつながれたことで、人に優しくなれたように思います。まず、失敗している人を見て笑わなくなりました。それは人として当たり前のことですが、昔の私は失敗している人を見て「やらんかったらよかったのに」と思ったりしていました（振り返るとひどい人間でした、ごめんなさい）。

でも、今は失敗した人がいたとしても、「こんなできるかどうかもわからへんことに挑戦したなんて、すごいなあ」と心の底から尊敬できるようになりました。本当に私は変わりました。

100パーセントの力でやってみる！

大王様はよく「全力で！」とおっしゃいます。その言葉を聞くたびに、本当にそうだなと思います。

常に自分の力を全部出そうとしなければ、自分の力は伸びていかないんです。たとえば、２歳児の１００パーセントの力と、大人になってからの１００パーセントの力では全然違いますよね。人間はそのつど１００パーセントの力を出すからこそ、できることも増えていくわけです。出し惜しみして、常に50パーセントの力で動いていては、できることは増えていきません。

にもかかわらず、１００パーセントの力を出すことを恐れている人が、あまりにも多い気がします。１００パーセントの力を出して結果が出なかったら、自分の実力不足が露呈するのではないかという不安があるからです。以前の

私がそうだったので、よくわかります。

でも、意識を変えて、まずは今の自分ができることを100パーセントの力でやってみる。それを繰り返していると、やれることや、やりたいことが増えていきます。

やれること、やりたいことが増えていくと、かかわる人もまた自然と増えます。

自分が求めているようなご縁も、さらに思いもしなかった大きなご縁も、自然とやってきてくれるようになります。このことは、何よりこの私が実感していることです。

第3章

人をつなぐと神様が喜んで
ご褒美をくれる

対談② 櫻庭露樹＆まさみん＋邪兄

一番うれしいのはワクワクする出会い

まさみん　大王様は、正観さんの本に「臨時収入が欲しければトイレ掃除をしなさい」と書いてあるのを読んで、トイレ掃除を始めたそうですね。

櫻庭　そうです。35歳当時ですが、その頃、日本で一番トイレを掃除していたのは僕だったかもしれない（笑）。トイレを見かけたらすぐに入って掃除していたから。臨時収入は一向に入ってこなかったけれど、気づいたら、いろんな人と会えるようになった。つまり、信じられないご縁をたくさんいただいたよね。神様は自分が本当に欲しているものをくれたんだろうね。

まさみん　神様はその人が一番必要としているものを与えてくれるものなのですね。大王様が当時、一番必要としていたのがご縁だったと。

櫻庭　顕在意識ではなく、潜在意識の中で一番欲しいと思ってるものをくれるんじゃないかと勝手に思っています。「なぜ、お金が入ってこないんだろう」とトイレ掃除をしながらとても不思議だった。でも、よくよく考えてみたら、実はそんなにお金を欲していない自分に気づいたんです。なぜなら当時、金銭的に切実に困ったりはしていなかったので。

やはり人間にとって一番大事なのは人との出会いですよね。ご縁が大切です。だから、お金をもらうよりもご縁をつないでいただいたほうがうれしかった。

まさみん　大王様はこれまでに本当にいろいろな方と出会っていらっしゃいますよね。人生の師匠である正観さんの他にも、大王様にとって師匠のような存在の人っておられますか？

櫻庭　最初は正観さんだけだったのですが、よくよく振り返って考えると、20〜40代それぞれのタイミングでまさに「師匠」と呼ばずにはいられない素敵な偉人たちと出会ってきています。それは自分でも最近、気づいたことです。

まさみん　大王様が「師匠」と呼びたくなる人とはどんな方たちなのでしょうか。

櫻庭　その人と出会ったことで、ワクワクせずにはいれない、知らない世界を見せてくれる、そんな偉大なる経験・体験をした方たちといった感じでしょうか。

思いがけずご縁をいただき、知り合いになれただけでもすごいのに、なぜか仲良くなってご飯を一緒に食べに行くようになって、そしてなぜだか一緒に仕事までするようになる。そんなふうにひょんなことで出会った人とどんどん付き合いが深まっていくことに、僕はとてもワクワクするんです。しかも、その人と出会ったことによって、これまでの人生で経験したこともないようなことを経験できる。そういうご縁にワクワクします。

まさみん　出会いにおいてワクワクというのは、自分にとっていいご縁であるかどうかのバロメーターになるというわけですね。

人と人をつなぐうちに、自分にもご縁がまわってきた

櫻庭　まさみんは、ご縁ということについてどんなふうに考えていますか？

まさみん　私は、人と人とをつなげるのが大好きなんです。ある人とある人をつないで、またさらに、その人とある人をつなぐといったことを続けていると、結果的には

また自分にも新たなご縁がめぐってくるというイメージですね。

櫻庭　まさみんのたくさんある必殺技の中の伝家の宝刀、お友達ご縁つなぎだよね。

まさみん　特に、何かで困っている人と、それを解決できそうな人をマッチングするのが好きですね。困っている人のお役に立ちたいのです。

櫻庭　それはどういうことでしょうか。

まさみん　「こんなイベントをしたいと思っているけれど、人手が足りなくて困ってるんだよね」とか、「こういう内容の仕事がしたいけど、なかなか見つからなくて」など、とにかく困りごとを聞くとメラメラとやる気が湧いてくるというか（笑）。マッチングしたくなるんです。

邪兄　まさみんは、まさに最強のマッチンアプリですよ。まさみんのママ友で、僕の友人でもある人から聞いたんだけど、ママ友の間を「何か困ったことはないですか？」と言って常にパトロールしていたらしいですよね。

まさみん　「〇〇が好き」とか「〇〇ならできる」といったふだんの何気ない会話で得た情報を頭の中のファイルに蓄積しておいて、困った人がいれば、その中から使えそうな情報を引っ張り出してくるような感じで動きまわっています。大王様も誰かと誰かをつなぐようなことをされているんじゃないですか？

櫻庭　確かにあることはあるけど、僕の場合、すごいなと思う人とご縁をいただき、知り合いになると、みんなに紹介したくなるんですよ。ふつうに生活していると偉人に会うことなんてないじゃない？　でもなぜか会えるんだよね。だからみなさんに紹介したくなる、「ねぇみんな聞いてよ！」「こんなすごい人、やべぇヤツ、現れたよ！」って（笑）。

で、紹介した後はもう、みなさんお好きなようにっていう感じ。その後の展開まではわからないけども自動的に人間関係が広がって、その人たち同士が仲良くなっているというパターンですね。ちょっとおこがましいですが、僕が発掘してみんなに紹介することで有名になった人も、実はたくさんいる（笑）

まさみん　素敵ですね‼　そんなふうに大王様がみなさんに紹介したくなる「やべぇヤツ」とは、どんな人なんですか？

櫻庭　これまでの人生で見たことも会ったこともない人ですね。そんな話は一度も聞いたこともないっていう話をしてくれる人って、くぐってきた修羅場の数が違います。そういう経験、体験からくる圧とオーラを自然に感じさせるような人がすごい人で、僕が思う「やべえヤツ」になりますね。昔の話を聞いて「そんなすごい経験してきたんですね」と驚かされる人に出会うと感動して、みんなに紹介したくなるんです。

まさみん 大王様はその方の経験や体験を聞いて感動して、みんなに紹介したくなるって感じなんですね。

櫻庭 そうだね。

まさみん 私が人に対して思う「すごい」というのと、大王様が「すごい」「やべえヤツ」と思う人とは少し種類が違うような気がします。私はわりと自分に身近な人の成長を肌で感じたときに、「すごい」って思うことが多いです。

たとえば、朝活のとき、「進行なんて私には無理」と言っていた人が、いつの間にかできるようになっていたり、遠慮がちでほとんど発言しなかった（できなかった）人が、アイデアを積極的に出してくれるようになったり。人は成長するとキラキラしてくるので、それを見るのが本当にうれしいんですよね。

櫻庭 なるほど。「すごい」の意味合いが違いますね。

まさみん 話を少し戻しますが、大王様が見つけたすごい人は、どんなふうに紹介されているのでしょうか？

櫻庭　一番の王道パターンは、僕のオンラインサロンにゲストとして招いて、参加者の方々にご紹介することが多い。ホントにすごいと思う人しか紹介しないから信用性はかなり高いですよ（笑）。

そうやって、まだ世に出ていないすごい人たちをより多くの人たちに紹介していくこともまた、僕の役目のように思っています。純粋に「この人に、ぜひあの人を会わせたい」という気持ちから会食の機会をセッティングしたりもしますし。

まさみん　そうやって人に人を紹介していると、自分にもご縁がめぐってくることもありますよね？

櫻庭　そうなんです。これはあくまで僕の世界観なのですが、AさんにBさんを紹介して二人が心底喜んでくれると、彼らのそれぞれのご先祖様、もしくは守護霊がめちゃくちゃ喜んでくれていると思うんですよね。だから、「紹介してくれて本当にありがとう」と言ってご褒美として、僕に新たなご縁をもたらしてくれる、そんな感覚です。

まさみん　おもしろい考え方ですね。目の前に見えている当人同士だけでなく、そこに佇んでいるかもしれないご先祖様や守護霊さんたちもまた喜んでくれていると考えるわけですね。そう思うともっといろいろなマッチングをして、たくさんの人たちのご先祖様や守護霊さんたちを喜ばせたくなりますね。

ご縁をつなぐと神様が力を貸してくれる

櫻庭　まさみんも講演活動をしているからわかると思うのですが、僕、講演会で、たまに自分が知らないことを喋っているときがあるんです。

まさみん　それ、私もわかります！　なんか口が勝手に動くというか。

櫻庭　先ほど話したご先祖様と守護霊の話を初めて話したときがまさにそうでした。18年ぐらい前ですが、釧路のお蕎麦屋さんで喋っているときに、突然、僕自身も知らない話を、気づいたら口にしていたんです。トイレ掃除の講演会だったのですが、なぜか「みなさん！　トイレ掃除というのは究極のネットワークビジネスなんです」と話し始めるじゃないですか！（笑）。僕はその話の続きを知らないから「どうするの

!?」と心の中で慌てふためいてたら、そのまま勝手に喋り続けていました。

「トイレ掃除をし始めて、それがその人の習慣になれば、その人に必ず何かもおもしろい現象が降りかかってきてハッピーな気分になれる。ハッピーな気分になると誰が喜んでくれるかっていうと、守護霊さんがめちゃくちゃ喜んでくれる。あるいはご先祖様がめちゃくちゃ喜んでくれる。守護霊さんとご先祖様たちが、こいつにいいこと教えてくれてありがとうねと言って、それを伝えてくれた人にご褒美をくださるんです」と。

僕はそんな話を聞いたことも見たこともないから、自分で喋りながらビックリしちゃって（笑）。自分で話ながら「マジか!?　そうなんだ！」と、自分で自分の話に感動していました。

でも、そうやって誰かを誰かに紹介したことで誰かを喜ばせたり、その人の人生がより良い方向へ変わっていったりすると、守護霊さんもご先祖様も喜んでくれる。守護霊さんたちも「この人のために」って動いてくれて、思いがけず力を貸してくれる。僕にはそんな感覚があるんです。別に霊感も何もないので本当のところはわからないのですが。

まさみん　目には見えない、その人のご先祖様や守護霊さんたちのことまで大切にしているから、大王様には大切なご縁がめぐってくるのかなあと、聞いていて思いました。私はそんなふうに考えて人と人とをつないだことはないですね。

櫻庭　おそらくまさみんは潜在意識で、その人のことを本当に大事に思って誰かとつないでいるんですよ。そういうのを守護霊さんたちは、ちゃんと〝見ている〟から伝わっているんだと思います。

まさみんは優秀なマッチングアプリ

邪兄　さっき話した、まさみんはかなり機能が優秀なマッチングアプリ、もしくは優秀な出会い系サイトだという話をここで補足させてください。本気で思っているので。

櫻庭　ぜひお願いします。

邪兄　まさみんって自分の中で勝手に想像を膨らませて、勝手にマッチングをしているんです。その後に僕たちを駒として動かして配置させていき、出会わせるんです。

これは実際にあった話です。

僕がまさみんと出会って間もない頃、まさみんから「邪兄さん、サウナ行かへん?」と誘われたんです。いや、サウナって男女別に入るものじゃないですか? だから、「一緒に行ってどうするの?」って聞いたら、水着で男女一緒に入れるところがあるからって。

よくわからないけど、せっかくだからと誘いを受けて行ったんです。そうしたら、そのサウナのご一行に滝本洋平さんという人がいたんです。彼は、旅人であり作家である自由人・高橋歩さんと20年以上タッグを組んでいる編集者の方だったんです。

実は僕、ずっと高橋歩さんの自由な生き方に憧れていて、歩さんのように世界一周をしてみたくなってピースボートに乗ったという経歴があるほどなんです。そのとき、洋平さんとは初対面だったのですが、「邪兄さんのことは、まさみんから聞いているよ」と。そこから「邪兄さんってYouTubeが得意なんでしょう」と話をふっていただき、「そうなんです」と自分の仕事についていろいろ話していたら、結果的に高橋歩さんのYouTubeチャンネルを僕がプロデュース、制作をさせてもらうことになったんです。

肝心のまさみんは、僕と滝本さんを引き合わせたら、「じゃあ、帰るね。バイバイ」と言って滋賀へ帰っていきました。東京の滞在時間はわずか2時間。つまり、僕と洋平さんをつなぐためだけにわざわざ上京してくれたんです。

まさみん　確かその日の夕方、邪兄さんに電話して「どうだった!?」とたずねたんですよね。

邪兄　そうそう。滝本さんと話が盛り上がって、YouTubeの話が進展しそう、仕事になるかもしれないって伝えたら、まさみんが「そうでしょう！」って。

まさみん　そうでしたね（笑）。

邪兄さんは、まさみんの高いマッチング能力を実感している。

邪兄　まさみんの頭の中に僕の情報と洋平さんの情報がすっかり入っていて、僕と洋平さんの駒を並べて勝手にワクワクして、ニヤニヤして。で、その通りになったやろう、みたいな。

まさみん　この二人なら絶対に意気投合するだろうなぁって思って。それぞれからいろいろと話を聞いていたので、会わせる前から二人が会って盛り上がっているところを勝手に想像して、ワクワクしていました（笑）。

邪兄　最初に「こういう人がいるから紹介するよ。会わない？」みたいなことは絶対に言わないよね。

まさみん　時と場合にもよりますが、確かにあのときは言わなかったかもしれないですね。どうやって二人を引き合わせるかというシチュエーションを考えるのも、私の楽しみの一つなので（笑）。

　人によっては、初めての出会いは他にもたくさんの仲間がいる中で、少しずつ縁を育んだほうがいい場合もありますが、洋平さんと邪兄さんは二人だけで同じ時間を共有しながら縁を育んでいくタイプだなって思ったので、出会いの場は、自他ともに認めるサウナーである洋平さんおすすめのサウナで、イベント企画という形でマッチングさせてもらいました。

邪兄　めちゃくちゃおもしろいですよね、まさみんのマッチングアプリ。精度が高いから、出会い方まで指定してくれるんです。それにしても僕のことをかなりリサーチしてくれていましたよね。

まさみん　初めて邪兄さんとお会いしたのは2023年1月、お互いの友人を交えた4人で、自分の夢を語る会をしたときでした。私が「高橋歩さんが大好きなんです」と話すと、何とその場の全員が、高橋歩さんが好きだと言うではありませんか。しかも、邪兄さんはかれこれ20年来の大ファン。歩さんの本の影響を受けて、自分でも世界一周を経験してしまうほどのレベルで、大好きという気持ちがすごく伝わってきました。

それならば、歩さんのもとで一緒に仕事をしている洋平さんとも絶対に気が合うはずだという確信を持ちました。邪兄さんが洋平さんとつながったら、いずれは歩さんとも一緒に仕事をする機会にもつながるかもしれない、と勝手に想像してワクワクしていました。なので邪兄さんと洋平さんのご縁を絶対に1回きりのものにしたくなかった。それが先ほどのサウナ会談につながっていくわけです（笑）。

必ず素敵だなと思う人同士でマッチングを行っていて、誰でも彼でもやっているわけではありません。邪兄さんが変な人だったら（笑）、絶対に洋平さんを紹介はしていなかったはずです。私と洋平さんとの信頼関係も崩れてしまうから。今回は邪兄さんを信頼していたからこそ、縁結びを実現できたのです。

信頼って、日々の小さなやりとりや、お互いの行動で育まれていくものですよね。まずは自分が「この人から紹介されたなら大丈夫」って思ってもらえる人になる。それを大事にしています。

まさみんは感謝の想念「蓮の花」の上に立てる人

櫻庭　以前、邪兄から、まさみんが自分と滝本洋平さんを引き合わせるために滋賀県から東京まで来て滞在たった2時間で滋賀へ戻ったという話を聞いたとき、「そういうことがさりげなくできてしまう人って、いい運気を持っているんだよ」と話したんです。ちょうど『開運モンスター』が発売になったという話も一緒に聞いたから、2023年6月ぐらいだったと思うけど。

まさみん　ありがとうございます。

櫻庭　そこまで自分の時間を割いて人が喜ぶことをするってなかなかできないし、してもらったほうはめちゃくちゃ喜びますよね。しかも、まさみんのおかげで、邪兄は今まで出会っていなかった人と出会えて、しかもその人と仲良くなれた。さらに憧れの人と一緒に仕事までできるようになったわけです。これこそ人生が180度変わる出会いですよね。

邪兄　本当にそうですよ。

櫻庭　まさみんの話を聞いて、想念の話がしたくなりました。

僕が思う想念とは、「あの人のおかげで」という人の内面にある思いです。運気がいい人というのは、この想念にちゃんと乗っている場合がすごく多い。まさみんもその一人だと感じています。

これはあくまで僕の勝手な解釈ですが、お釈迦様は蓮の上に立っていたり、座っていたりしますよね。お釈迦様が乗っている蓮の花びらの一枚一枚が、人々の感謝の想念のような気がするんです。

いろいろな人がお釈迦様にさまざまな人生相談やお願いごとをしたり、お祈りをするじゃないですか。そのたびにお釈迦様に「あなたのおかげで、楽しく生きられています」などと感謝の気持ちも伝えたりするものです。その感謝の想念が、蓮の花びら一枚一枚のように重なり合って一つの花になって、お釈迦様を支えている。

そして、「あなたがあのとき言ってくれたひと言のおかげで」とか「あのとき、あなたがしてくれたことのおかげで私の人生変わりました」などとたくさんの人に言われる人というのは、お釈迦様みたいに感謝の想念の上に鎮座していることになるので絶対、運気が高いと思います。

まさに、まさみんがそうですよね。人と人とを引き合わせていろんな人に喜んでもらっている。だから、みんなが「まさみん、ありがとうね」と感謝しているんです。まさみんこそ、感謝という蓮の花の上に立っている人なんですよね。だから、運気がさらに良くなる好循環ができあがっている。これからもどんどん奇跡が数珠つなぎで起きるはずです。僕もまさみんのような蓮の花の上に立てる人になれるように実践あるのみですね。

まさみん　いやいや、そんなふうに大王様に言っていただくなんて恐れ多いです。ありがとうございます。

櫻庭　人に喜ばれることをポツポツとやっている人はいるけど、まさみんのようにいつも考えて実践していたら、運気が良くなるのは当然ですよ。

1回2回ではなく、毎日のルーティンのように誰かと誰かを引き合わせたら、きっとおもしろいことになるんじゃないかと考えているわけですからね。もし、「まさみんのように運気が良くなりたい」と思う人がいたら、まさみんのマネをすればいいんです。マネすると近づけると思います。

まさみん　私のマネですか？

櫻庭　そう。まさみんは人と人をつなげるということを好きでやっているわけだけど、まずはそこから始めてみる。誰と誰をつなげたらどんなおもしろい化学反応が起きるかを考えてみる。そのうえで、まさみんのように行動に移し、実践していけばいいだけです。ただ、まさみんの行動力に近づくのはけっこう大変だとは思いますが。

大王は自分でも予測しなかった可能性を引き出した恩人

まさみん　大王様は正観さんに出会って自分の人生が変わったとおっしゃっていましたが、大王様自身もまた人の人生を変えてきた方ですよね。

櫻庭　そんなことはないと思うけど。

邪兄　いいえ、少なくとも僕の人生は良い方向へ激変しました。見た目も変わりましたし、仕事の内容もまったく変わりました。大王に出会っていなければ、ＹｏｕＴｕｂｅの仕事をするなんて考えられなかったですよ。

櫻庭　確かに邪兄さんは、見た目も中身も激変したよね。

邪兄　見た目、変わった。というか、本当に人生が全部変わりました。収入も変わったし、先ほども話したのですが婚約していたにもかかわらず、その人とは別れ、別の人と結婚しましたし。

まさみん　何がそんなに邪兄さんを変えたのでしょうか。

邪兄　大王は僕も予測していなかった僕の可能性を見てくれたんです。それは僕の範疇ではないと思うようなことも軽々とやらせてくれるんです。たとえば、かなりユニークな柄のTシャツとか、ピチピチのTシャツとかをくれて「これを着てみろ」と。

まさみん　邪兄さんのファッションアイテムは大王様が選んでくれたものなんですね（笑）。

邪兄　以前は全部そうでした。「衣裳提供by櫻庭」です。僕は内心、「こんなのを着るのはめっちゃ嫌だな」と思っていたんです。でも、いただいたものだし、せっかくだから着てみる。それで人前に出ると、なぜか会う人みんなが「似合いますね」と言ってくれて。そのとき僕の可能性がちょっと広がったような感覚を覚えたんです。

一事が万事で、洋服だけでなく、大王に言われたことをやってみるのを繰り返していくうちに、僕という人間の可能性がどんどん広がっていったんです。完全に僕自身が見落としていたような、あるいは気づいていなかった自分の能力や可能性を、大王が見てくれて拾い上げてくれたからなんですよね。

櫻庭　邪兄は初対面の頃、正直、全然イケてなかった。ヘアスタイルもファッションセンスも天文学的に（笑）。だからまずはそこから変えていけば、少しは変わるような気がしたんです。

邪兄は頭の回転も速いし、トークも上手なので、何かをやってくれそうだなとは感じていました。それが何かはわからないけれど、才能があるのに活かし切れていないなと思っていたのかもしれません。

邪兄　そんなことまで考えて、いろいろしてくださっていたんですね。ありがとうございます。

自分の未来を耕してくれる人に出会うためには

まさみん　大王様が邪兄さんの未来に可能性を見出したように、大王様自身も誰かから自分の未来の可能性を見つけてもらったという経験はありますか？

櫻庭　やはり小林正観さんですね。正観さんは僕が近い将来、人前で講演するような人間になるとわかっていたんだと思う。だから、正観さんの講演についてまわっていた頃から、「何か喋ってください」などと言って、人前で練習する機会をたくさんつくってくださっていました。最初は「なぜ俺が喋らなければいけないのか」と思いつつも、正観さんに言われたことだからと思って一生懸命、話をしていました。

そうこうしているうちに、どんどん「ちょっと喋ってください」と言われるようになっていったから不思議です。まんまと正観さんの手のひらで転がされたような感じでした。

まさみん　そんなふうに正観さんに言われたのは大王様だけだったのでしょうか？

櫻庭　そうですね。正観さんの講演会などで、他の誰かが前に立って喋っていたという記憶はあまりないですね。たぶん、正観さんは僕の未来が見えてるから、それで練習させてくれていたんだと思います。

まさみん　自分の可能性を見出して、そっと応援してくれるというか、そのための機会を与えてくれる。そんな人に出会えた。そう思うだけで人生が豊かになっていきますね。

出会いで学んだ人生訓で運が変わった

櫻庭　本当はもっともっとたくさんの人にお世話になってきたと思うんです。でも、35歳で正観さんに出会うまでは、自分のことしか頭になくて、周りの人たちへの感謝もなかった。だから、人の親切や思いに気づけなかったんです。でも、今回、この本でご縁について改めて振り返って、35歳以前にもいろいろなご縁があって、今の自分の形成に大きく影響を与えてくれた人を思い出しました。

30歳のとき、タイで出会ったAさんもその一人です。目に見えない世界を信じることの大切さを教えてくれた人です。

僕は当時バイヤーの仕事をしていたので、毎月、タイのチェンマイに行っていました。そこに日本人が経営しているバーがあり、仕事がすむと決まってそのバーのカウンターでお酒を飲んでいました。ある日、そこで声をかけられて、親しくなったのが

Aさんでした。かれこれ1年ぐらい通って毎月お会いするたびに、いろんなことを教えてくれました。

思い返してみると、運は自分で切り拓くことができると話してくれたのはAさんだったのです。とはいえ、当時は30歳で、自分が不幸なのは周りのせいだと、人のせいにばかりしていました。だから、Aさんが助言してくださることの意味を、しっかり受け取っていなかったような気がします。

まさみん　でも、わからないなりにめっちゃ素直に聞いてそうですね、大王様だったら。

櫻庭　まあ、今のほうがもっとスッと入ってくる気はするけど。

やはりいろいろなことにもがいている時期で、自分を不幸だと思いながらも、心の奥底で「自分の人生を何とかしたい、変えたい」という思いが常にありました。

そのAさんが僕を見て最初に言ったのが「お前、ツイているか?」。これは松下幸之助さんが面接時に発する有名な言葉だと知っていたので、「松下幸之助かよ」と心でツッコミながらも、本当にツイていないと思っていたので、「はい、まったくツイていません。金運もありませんよ」と答えました。

そうしたら、「〝大切にしたものからしか大切にしてもらえない〟というのを覚えておきなさい」と。ちょっとコワモテの男性だったのですが、すごく説得力のある言葉だったので話を聞くことにしたわけです。

まさみん　Aさんはどんな話をしてくださったのでしょうか。

櫻庭　運を良くするための三つの方法です。一つは、他人の家を訪問したとき、そして自分の家に帰ったとき、靴を揃えて脱ぎなさい。二つ目は会議だったり、居酒屋さんやレストランで椅子から立ったとき、椅子をちゃんと元の位置に戻しなさい。三つ目は財布を綺麗にすること。そしてお金の入れ方です。お札は向きを揃えて入れる、できれば1万円札は別にする。領収書、レシートは入れるな、ということでした。

大王様は、人生の貴重なご縁について話してくれた。

まさみん　意外にふつうというか、常識的なことだったたんですね。

櫻庭　そうなんですけどね。お恥ずかしい話ですが、当時の僕はどれもちゃんとできていなかった。靴なんて揃えたことがなかったし、椅子も戻したことなんてなかった。財布なんてボロボロで、Fさんに「お前の財布を見せてみろ」と言われて見せたら鼻で笑われました。「こんなボロい財布を使って金運ないだろう」と言われて。当時ですでに年商4億円くらいあったのですが、帰国してすぐに財布を買い換えました。

まさみん　そんな簡単なことで運気が上がるんだったら、お安いご用だと思って。言う通りにしてみたというのは、その方に何かしら人間的な魅力あったからですよね、きっと。

櫻庭　もちろん。後々知ったのですが、当時、Aさんは会社経営者で、とある県でレンタルビデオショップを10店舗ほど経営されていました。僕が出会った頃、社長は49歳で、「50歳になったら引退するつもりで、自分の会社を今売りに出している」と話していました。その店舗を、当時のレンタルビデオ業界でトップ2だったA社とB社が買いたいと言ってきており、交渉中なんだということまで話してくれました。

で、A社はB社より2億円も高い価格を提示したそうですが、結局、B社のほうにしたと言うのです。理由は「B社の担当者を気に入ったから」とのことでした。「お金ではなく、人で判断して売るんだよ」と社長はよく話していました。当時の僕にはその感覚がなかったので、非常に斬新な考え方でした。

そんなふうに僕の知らない世界を垣間見させてくれるAさんとの出会いは本当に刺激がありましたね。

神様が時折くれる、ご機嫌な偶然

まさみん　今、Aさんのお話を聞いていて思い出したことがあります。

私が29歳の頃、後にNPO法人の代表を務めるナオちゃんは、目に見えないものを信じていて、よく神様の話をしてくれました。

ナオちゃんは「神様は絶対、見てくれているから」とよく言っていました。虹が出たときには「神様からのオッケーサインが来てるよ」と言って、目に見えないものを信じるということを、軽やかに日常に取り入れて教えてくれました。

知り合った初めの頃は、NPO法人を設立する話の流れの中で目に見えない力の話をするので、「宗教と勘違いされても困るから、そういうことは言わないで」と言ったりしていました。

でも、言葉では説明のつかないような出来事がいろいろ起こって、目に見えない力ってあるんだと実感せざるを得ませんでした。

その一つに、2017年7月のナオちゃんの誕生日のエピソードがあります。みんなでお祝いをしようと、地元のあるレストランで食事をしていたとき、なんと、近くの席に虎ちゃんとその家族が来ていたんです！

虎ちゃんとは、私たちが自主上映会を行って応援した映画『うまれる』に出演されていた赤ちゃん。まさか地元でお会いできるなんて驚きました。18トリソミーという障害を持って産まれた虎ちゃん。平均の寿命は1カ月、長くても1年と言われる病気だそうです。映画の中での虎ちゃんが全力で生きようとする姿や、虎ちゃんに対するご両親の姿を通して、命の大切さや、今日という日が来るということが当たり前ではないということを感じることができます。

　ナオちゃんの誕生日でたまたまご飯を食べていたお店で、偶然『うまれる』に出演している虎ちゃん家族と会えてしまった。これは奇跡以外の何ものでもないと思って感動し、「目には見えないけれど、神様は見ていてくれる」というのは、本当にそうなんだと素直に信じれるようになりました。

櫻庭　それまで信じていなかったところに、いきなり「神様が見ている」と言われても、最初は戸惑いますよね。

まさみん　そうなんです。だから、神様がどうこうという話を怪しむ人の気持ちは痛いほどわかります。私自身がそうだったから。でも、疑いをもって世界を見ると、疑いの面しか返ってこないですよね。疑いの眼差しではなく、信じる心をもって見渡すと、それまでとはまったく違う世界が見えてきて、晴れやかな気持ちにもなれる。そんなことを学びました。

　大王様もそういう経験ありますか？　奇跡的な、これは神様が上から見ていて仕組んだことだ、みたいな。

櫻庭　数え切れないほどたくさんあります。そもそも僕が今のようなスピリチュアルな道を進むことになったきっかけは、僕の顧問税理士さんが講演家で実業家の斎藤一人さんのCDをくれたからなんです。これも偶然というか、まさに神様が書いたシナリオとしか思えない出来事でした。

今でもはっきり覚えています。税理士さんを駅まで送るために僕が車を運転して、助手席に税理士さんが座っていました。もうすぐ到着というときに、税理士さんがカバンから何やら取り出して「これ、櫻庭さんに聞いてほしくて今日、持ってきました」と言って渡してくれたのが斎藤一人さんのCDでした。当時は一人さんのことを何も知らなかったので、いただいたCDを何も考えずにダッシュボードに放り込みました。

そのまますっかり忘れていましたが、約半年経った頃、車検のためにダッシュボードから車検証を取り出そうとしてCDの存在に気づき、「これ、何だろう?」と思って聞いてみたんです。そうしたらおもしろかった。そのCDの中で一人さんが「私の話を聞くぐらいだったら、小林正観さんの本を読みなさい」と言っているわけです。

それから正観さんの本を読み出したのですが、もう、本当に衝撃を受けました。すぐに「この人の弟子にしてもらおう」と思い、ネットで調べて正観さんの講演会に申し込みました。そんな感じで、何だか導かれるようにどんどん正観さんの世界へと引き込まれていったんです。

まさみん　どんどんご縁がつながっていって、今に至っているというわけですね。

櫻庭　みんなそうだと思いますが、人はそうやってある方向へ無理やり持っていかれることがありますよね。誰かと出会うには、そのきっかけとなる人が必ずいて、その人のおかげで進むべき方向へ運ばれるという感じです。

僕はいつも「神様に見つかる」と言うんです。神様につまみ上げられて、神様が知らない世界に放り投げてくれる。神様につまみ上げられると、人生が加速度的に変わっていきます。つまみ上げられてから本当の人生が始まるんです。

そういう意味でも、僕は正観さんのところへ行ってから、本当の人生が始まったような感じがしています。

まさみん　その感覚、すごくおもしろいですね。では、神様につまみ上げられてどこへ行くか、よいご縁のもとに運んでもらえるような人になるには、どうすればいいのでしょうか？

櫻庭　実に簡単なことですよ。アホになって素直になって行動していくだけです。ただ、それだけですが、なかなかできないんですよね。

ご縁はタイミングが大切

まさみん　最初に正観さんの本を読んで衝撃的だったというのは、どのあたりがですか？

櫻庭　正観さんは有名になりたくないからと、書店売りの本は出さないと決めている方でした。なのに僕はアマゾンで売っていない本なんかないと思い込んでいたから、半年間ほど、毎日ずっと「小林正観」というワードでアマゾン検索していました。そうしたら、あるときヒットしたんです。ちょうど20年前ですが、正観さんの新刊をある出版社が発売したんです。ちょっとした掟破りの形で出版された本ではありましたが、その本がなければ、僕は正観さんを見つけることはできなかった。すぐにその新刊を取り寄せて読みました。

書かれている内容は本当に聞いたことのない話ばかりで、ページをめくるたびに衝撃を受けました。

その中に「トイレ掃除で臨時収入が入ってくる」と書いてあったんです。「マジかよ」とビックリして、すぐにトイレ掃除を始めました。当時は一人暮らしだったのですが、自分でトイレを掃除したことがなかった。本当に人様にはお見せできないほど汚かったですが、人生で初めてトイレをピカピカにしました。

本を読み終えたときに「この人の弟子になろう」と決めて、いったいどこへ行ったら会えるのかとネットを検索したら、365日、休むことなく講演をされている方だとわかりました。そこでまずは講演会に行ってみたんです。

まさみん　税理士さんから借りた、斎藤一人さんのCDを聞いて正観さんを知り、正観さんの書籍は市販されていなかったけれど、探しているときになぜか出版社が市販してくれて、それを手にしたことで正観さんに魅了され、弟子入りしようと講演会へ行った。まさに導かれるようにして正観さんのもとへ運ばれていったというストーリーですね。

櫻庭　そう。おそらくあのタイミングだから良かった。もう少し早くに斎藤一人さんのCDを聞いていたら、僕の心に響かなかった。あのタイミングだったからこそ、ずしりと響いたんです。

まさみん　ダッシュボードで約半年間、ＣＤを眠らせたままにしておいたというのも、きっと神様がよきタイミングを見計らってくれたんでしょうね。

櫻庭　そうだと思います。正観さんのところへ行ったタイミングで、作家のひすいこたろうさんとも出会っているんです。正観さんのところで、箱根で5日間の合宿という催しがあったんです。ひすいさんとは初対面でしたが、すごく仲良くなれました。彼もまた僕の人生に大きく影響を与えてくれた、足を向けて寝れない恩人の一人です。すべてがシナリオ通り、決まっていたことなんだなと思います。

まさみん　自分が思いもよらないところに運ばれて行ったという感じですね。どこでどのタイミングで誰と出会うかによって、人生っ

終始、和やかな雰囲気で対談は進んだ。

て本当に想定外の方向へ進んでいくものなんですね。

櫻庭　〝どうなっていくかわからない〟という想定外が続く人生こそ、おもしろいですよね。

まさみん　そうですね。これからの出会い、ご縁がますます楽しみになってきました。

ご縁のチャンスはピンチの後に訪れる

櫻庭　まさみんも、目には見えない神様にふいっってつまみ上げられて思いがけないところに連れていかれ、そこで新たなご縁が芽生えたという経験はありますか？

まさみん　私の場合は『やる気のスイッチ』（サンクチュアリ出版）など数々の本を出されている事業家の山﨑拓巳さんに出会ったことでしょうか。

たまたま、あるオンラインのセミナーでご一緒させてもらったんです。そのセミナーの最中に機器トラブルが起きて、予定通りにうまく進まない状態になった瞬間がありました。

ＮＰＯ法人での活動時代、トラブルは日常的に起きるものだったので、私は慣れていました。そのときも自然と、その問題をどう解決するかと発言したり、行動したりしていたのですが、それを拓巳さんが褒めてくださって、そこからご縁が深まりました。

櫻庭　山崎さんとはそのときが初対面だったんですか？

まさみん　一度お会いしたことがある程度でした。ピンチのときにチャンスは訪れると言いますが、まさにそうでした。目の前に問題が起こったとき、みんなの不安をどのように解消するか、楽しんでもらうためにはどうしたらいいかと考えた行動が、思いもよらない、うれしいご縁を運んでくれました。

櫻庭　まさにその一手で、まさみんは運気の流れをつかんだわけですね。

まさみん　本当にそうです。このときのご縁がきっかけで、ファシリテーターのご依頼を受けることにもなりました。

櫻庭　おもしろいね。まさみんはもともとＮＰＯ法人の活動でトラブルを日常的に経験していたから、オンラインセミナーのウェブ上のトラブルにも迅速に対応できた。

そのとき、たまたま山崎拓巳さんという事業家がいて、まさみんをつまみ上げて次なるステージへ連れて行ってくれた。一見、偶然のようだけれど、僕は、これは神様のシナリオで決まっていたように感じます。

準備が整うと次なるステージへ

櫻庭　恋愛のところでも少し話しましたが、準備が整ったときに、自分の人生にとって大切な人が現れるような気がしています。

僕も正観さんのところへ行く前に、斎藤一人さんがＣＤでお話されていたことを実践していました。一人さんの会にも何度か行きました。そういう下地があったから、僕にはわからなかったけれど、神様は「こいつ、準備が終わったようだな」と見てくださって、「そろそろ次のステージへ行こうか」みたいな感じで正観さんのところへ連れて行ってくれたように思えてならないんです。

とにかく正観さんの世界観がめちゃくちゃ好きでした。僕の求めていたものをすべて発信してくれているような感動しかしなくて、1年半、べったり一緒にいました。

まさみん　べったり一緒にいたというのは、具体的には講演会へ行くということですか？

櫻庭　そうです、追っかけです。「弟子にしてください」とお願いしたら「私は弟子をとらない」と言われて。残された道は追っかけしかなかったんです。1年半、正観さんの講演会があるところへは必ず行っていただけですが。それでも毎回行くから、すぐに名前を覚えられて、いつの間にか前に出されて喋るようになったという感じです。

無理をして自分で何かを仕掛けなくても、日々、「人が喜ぶことをしたい」と意識して過ごしながら、神様がつまみ上げてくれるのを待っていればいいのだと思います。まさみんなんて日々人に喜ばれることをしているから、神様も次のステージへ早く連れて行きたくてしかたないんじゃないかな。

まさみん　うれしいです。

感動力は人を引き寄せる

櫻庭　昔の自分と今の自分とではかなり違うと言っていたけれど、具体的にどんなふうに変わったのか教えてもらえますか。

まさみん　小さなことも大きなことも同じように喜べるようになったのが、ここ数年の最大の変化だと思います。

櫻庭　昔は小さいことでは喜ばなかったということ?

まさみん　喜ばなかったというか、小さな喜びに気づかなかったんです。でも、今はどんな小さな出来事でも「すごい」「奇跡!」って、心底喜べるようになりました。

邪兄　まさみんの喜び力と感動力はすごいですよ。完全に巻き込み型で、周りはよくわからなくても喜んだりしているから。

まさみん　喜んでいると日常がさらに楽しくなるし、喜んでいると楽しい出来事がさらに起きてくれる。それに誰かとのご縁をいただくことも多いです。

邪兄　喜び力は、まさみんの魅力です。僕たちと一緒にいるときでも、よく「いいやん」を口にしていますし、「楽しい」「ワクワク」と何度も言っているし。ワクワクって日々口にしているから、ワクワクに満ちた人生になっている。

まさみん　だって、本当に楽しいから。とにかく1日中ワクワクして過ごしています。

この間も、大王様と邪兄さんが鹿児島空港からの足がないと知って、空港から少し離れたところに住むお二人の大ファンの友人に連絡して、空港までの出迎えを提案しました。自分が大好きな人の役に立つって、すごくうれしいことですよね。まさに両方にとってＷｉｎ－Ｗｉｎの出来事です。

実際、友人は「その日はうれしすぎて興奮して、なかなか眠れなかった」と、楽しそうに報告してくれました。私も同様に、その日は眠れないほど一人で興奮していました。

櫻庭　まさみんのマッチングの精度の高さは、そうやっていろいろな人と人を出会わせるということを、ずっとやってきたからなんでしょうね。まさみんのように場数を踏むことも大切なんじゃないかな。数は力になるわけです。

まさみん　人と人をつなげるということをナオちゃんもずっとしていて、それを見てきたから、少しずつできるようになったんだと思います。人と人をつないでいく姿がとても素敵だったんです。

櫻庭　誰かのためにと考えたり、行動していると、その善意がいつか大きくなって返ってきますよね。

まさみん　はい！　そして、人と人がつながった瞬間に私に喜びが返ってきて幸せです。

櫻庭　まさみんの思いはすごく純粋。だからみんな惹きつけられて、周りに集まってくるんでしょうね。

小さな喜びをすくい上げるとご縁が広がる

邪兄　まさみんは先ほど「小さな出来事もすごく喜べるようになった」と話してたけど、たとえばどんなことで喜べるようになったの？

まさみん　今の喜びは、人前で話すことが苦手な仲間が、どんどん発言できるようになっていくといった成長を感じるときです。発言できるようになった後は富士登山や、マラソン、ダンスなどいろんな企画の立ち上げをしてくださって。やりたいことを全力でやり、周りの人たちを巻き込んでいく才能を発揮しています。仲間の成長を感じられる瞬間がすごくうれしいです。

櫻庭　朝活で人の成長が手に取るようにわかるものなんですか。

まさみん　はい！　毎朝出会うと成長を感じれるようになりました。

櫻庭　休みなしで？　毎朝ですか。

まさみん　「午前3時の手帳会」は365日、年中無休で開催しています。

邪兄　まさみんも、人前ではなかなか話せなかった時期もあったんだよね。

櫻庭　そうなんですか⁉

まさみん　はい。私も人前に出るとめっちゃ緊張してしまうタイプなんです。初めはボロボロでしたが、できないなりに逃げずにやり続けていたら、少しずつ慣れていきました。

櫻庭　僕も同じですよ。やっているうちに人前で喋ることに慣れていったし、スキルもどんどん上達していったから。

まさみん　そうなんですね！！！

櫻庭　場をまわしていくスキルはどこで身に着けたのですか？

まさみんファシリテーションですね。私がファシリテーションのスキルを磨くことができたのは、市が主催する街づくりの会議などに参加していたことが大きいです。学校の代表ではなく、一般市民として参加していたのですが、参加者のご意見を聞きながらまとめて次に進めるということをたくさん体験したことで、ファシリテーション力がアップしたと思います。高齢の方もおられるので、配慮しながら場をまわしていました。

櫻庭　高齢の人はこっちの進行とは関係なく、勝手にいろいろ話してくれますよね。しかも誰かが喋っていてもおかまいなく、自分のテンポでいきなり話し出したりする。そういう人たちを相手にしていれば、おのずとスキルは磨かれますよ。

まさみん　そうですね。みなさんとのコミュニケーションを大事にしながら会議を進めたことで、私自身が育てていただいたと実感しています。

ご縁が好きなのは可愛げのある甘え上手

櫻庭　偉人の多くは甘え上手です。甘え上手というか、可愛げがある人ほど、よりよいご縁を手にしているような気がします。そのあたり、まさみんはいかがですか？

まさみん　そういうことはあまり考えたことはなかったですね。

邪兄　いや、まさみんの甘え上手も相当だと思います。

いつだったか、僕が滋賀へ遊びに行った際、まさみんが親しい地元の方々に、「いろいろもてなしたいから、キャンプの準備をしてほしい」と言って、全部準備してもらってました。地元のみなさんがすごいキャンピングカーに、すごいお肉を用意してくれて。まさみんの甘え上手のおかげで、琵琶湖のほとりでみなさんがもてなしてくれました。

まさみん　お力をお借りし、助けてもらいました（笑）。自分でできることは全力で自分でやるけれど、できないときは手伝ってもらいます。

櫻庭　いやいや甘えていいと思いますよ。日本人は褒めるのも下手だけど、甘えるのも下手だと思います。借りをつくったら返さないといけないと思うのも、美徳ではない。甘えてもいいところはしっかり甘えさせてもらって受け取るというのも愛だと思いますよ。

まさみん　喜んで対応してくださったので、救われました。共通の友人である邪兄さんを一緒に喜ばせよう‼　と、全力を尽くしてくれたんです。

第4章

ご縁のあった人が自分を成長させてくれる

櫻庭露樹

不幸ぶっている間は「ご縁」の無駄遣い

改めて自己紹介させてください。

私は開運YouTuber、目に見えない世界の研究家の櫻庭露樹です。さまざまな仕事に携わり、複数の事業も抱え、ご縁をいただいた方の社外取締役なども務めさせていただいております。

本書と同じビジネス社刊の大石洋子（宮増侑嬉）さんとの共著『神さまに応援される人になる』でもお伝えしていますが、私の人生のカギが「人とのご縁」にあったこと、そしてその「人とのご縁」が、いかに自分を想定外の世界へと導いてくれたかについて、ここでお話ししたいと思います。

不幸コレクターだった頃

『神さまに応援される人になる』でも触れましたが、私は父が多額の借金を抱えていたこともあり、幼少期から非常に貧しい家庭に育ちました。小学校3年生から新聞配達を強制的にさせられ、稼いだお金はすべて親父に使い込まれていました。それも今では笑い話で、ホントにいい思い出です。中学・高校もバイトに明け暮れました。親父の借金を返すために一生懸命に働きました。

高校を卒業して料理の道に行きましたが3年半で辞めてからは何をしてもうまくいかず、23歳でうつ病を経験しました。そのとき助けてくれた友人のオカベ君、そして家族のおかげでもうひと踏ん張りしようという気持ちになり、一大決心をして1300万円もの借金をしてお店を開きました。

商売経験はまったくないど素人が起業しても順調にいくはずもなく、最初はうまくいかないことばかりでしたが、奇跡的に商売とはこうやるんだ！　と無料でアドバイスをくださる救世主が現れ、九死に一生を得て、一気に売上げのV字回復に成功したのです。

その後は順調に売上げを伸ばし、29歳のときには手元に1億円近いお金があり、30歳で6店舗まで拡大することができました。

ただ、その年に離婚することになり、稼いだお金は別れた妻にすべてプレゼントさせていただきました。まったくの無一文になりましたが、商売は発展し、34歳の頃には10店舗にまで増えていました。

商売だけ見れば確かに成功しているように見えたかもしれませんが当時の私は「自分が成功している」と思ったことはありませんでした。

今にして思えばたくさんの方々が手を差し伸べてくれたり、助言をくださっていたにもかかわらず、なぜか私は「自分の人生はどうしてこんなにつまらないんだろう、どうしてこんなについていないんだろう?」と文句ばかり言ってました。本当に情けないほど「ご縁」の無駄遣いをしていました。

この頃の私はまさに思い通りにならないことにしか目が行かない、不幸コレクターだったのです。

価値観を激変してくれた小林正観さんとのご縁

人生最大の転機が訪れたのは、35歳8カ月のときです。30歳の頃から「なんでこんなに自分の人生はつまらないんだろうか?」と思いつつ、そこを何とか打開したいという強い思いもあり、自分の存在意義や使命について考えるようになりました。いろいろな本を読みあさり、いろいろな方の話を聞きに行ったりするようにもなっていきました。

そうした中で出会ったのが小林正観さんでした。正観さんと出会って、私は人格も人生も180度、いや3周回って540度変えていただきました。

おそらくそれ以前の私を知っている人は、別人になったと感じたはずです。それぐらい人間的に大きく変化し、それと同時に人生も激変していきました。

正観さんとの「ご縁」がなければ、今の私は存在していません。たった一人の人との出会いをきっかけに、それだけ人生は変わり、人は成長できる、ということです。

人とのご縁はそのときの自分にとって偶然ではなく、必要必然ベストなのです。神様は実に絶妙なタイミングで、今の自分に必要な人と出会わせてくださっているのだと思います。

今でも注意してくれる人は貴重な存在

正観さんは今でも一番恩義を感じている師匠です。ただ、それ以外にも私にはたくさんの師匠がいます。私のような年齢になると、人に叱られたり、注意されることはどんどん減っています。それでも、逐一言ってくれる人たちがいます。そういう方は師匠です。

たとえば、お店に入ったとき、「今の態度はずいぶん偉そうだったね、見ていて美しくない」などとピシャリと言ってくれる師匠がいます。自分としては別に機嫌が悪いわけでもないし、ごくごく平常心でいるつもりでも、ハタからは機嫌が悪そうに見えるときがあるものです。

「いや、怒ってないし、全然機嫌も悪くないよ！」と言い返すこともできますが、私はそうやって注意されたことをありがたく受け入れます。

なぜなら、「自分の機嫌」というのは自分が決めるものではなく、目の前にいる人が決めるものなのです。あなたもきっと人生で一度や二度、機嫌悪い？　怒ってる？などと聞かれたことがあるはずです。私の店員さんへの態度が、周りからすると、どこか横柄に見えたのであれば、それは私が偉そうにしてしまったのだと思い、とても反省します。

そうやって逐一気づいて注意してくれる人たちと、今ご縁をいただけているのは本当にありがたいことですし、神様がまだまだ私にはそういう人たちが周りに必要だと感じて、必然的にご縁を与えてくださっているのだと思います。

自分の機嫌と運気は直結しているので常に気をつけていなければなりません。自分としては機嫌が悪くなくとも、目の前の人に不機嫌そうと見られたら同じなのです。なのでふだんから言動には気をつけようと心掛けています。

日頃からそんなマインドでいると「あ、今の言い方はよくなかったな」とか、「今、なぜもっとニコニコできなかったんだろう」「なぜもう少し深く頭を下げられなかったんだろう」などと、自分のバーチャル師匠が叱ってくれるので助かっています。

就職先のファミレスで出会ったカッコいい大人・店長とマネージャー

先ほど、神様はそのときの自分にとって必要なタイミングで、必要な人と出会わせてくださっているとお伝えしました。ご縁とは、必然的なものだということです。

私は18歳から21歳の3年半、ファミリーレストランで働いていました。全国に350店舗ある中で、売上げが第3位というお店に配属されました。この店に配属される人間は選ばれた人のみと入社前から聞かされていたので、念願かなっての配属でしたが、それだけ売上げのある繁盛店だけに、忙しさもハンパではありませんでした。

社員は店長とマネージャー、私、そして私の部下になるスタッフが2人、全部で6人。あとは100人のアルバイトさんにシフトで入ってもらい、店内には常に十数人のスタッフがいるという体制でした。それだけの人数がいないとお客様への対応が追いつかないくらい忙しかったのです。

大人のカッコいい背中に感動する

そのときの店長とマネージャーには、本当にカッコいい背中を見せていただきました。

全国第3位の繁盛店に赴任してくるだけあって、店長は会社からの期待も大きくとても優秀な方でした。

当時、私はこの全国第3位の調理場の責任者になることを目標にして働いていました。店長はそんな私に、「この店を全国で1位にしたいから協力してほしい」と言ってくれました。私はうれしくて「僕でよければ、何でもやりますよ！」と張り切って返事をしたものです。

さらに店長が、「こういう組織では、嫌われる人間が絶対に必要だ。俺はスタッフみんなに口うるさく注意する側にまわる。それでみんなに煙たがられ、嫌われるだろうから、俺が口うるさく注意したスタッフには、お前が声をかけてフォローしてくれ」と言うのです。

実際、店長が誰かをキツい口調で注意したり、叱ったりした後、私は必ず店長に呼ばれました。店長は、「今、○○にキツく注意してしまったから、お前、これでちょっとあいつとごはんを食べに行ってフォローしてくれ」と言って、1万円札を渡してくれました。店長に言われた通り、私は叱られた部下やアルバイトを食事に誘い、フォローするといった役目をこなしていました。

あえて自分は嫌われ役を買って出て、しかも、スタッフの気持ちがそれで腐ることがないようフォローまで考える。そういうことが実行できる店長ってカッコよすぎる！　と、私は本当に感動しました。

もっとも今から30年以上前の話なので、このやり方が現代の人材育成に通用するかどうかはまた別の話です。それでも、20歳そこそこの青年（私）が、「こんなカッコいい大人が世の中にいるんだ」と感動するほどの人と出会えた、ご縁を持てたというのは、すごく大切な経験だったと思っています。

酔った男性客たちが揉めごとを起こす

若かった頃の私に「大人の背中」を見せてくれたもう一人、当時のマネージャーには、とても強烈な思い出があります。

ある日、どう見ても堅気ではない5～6人の男性のお客様が、酔って店内で騒ぎ始め、大声を出して暴れたことがありました。不穏な空気を察知した他のお客様はそそくさと出ていかれ、もう彼らはやりたい放題。マネージャーの一人は恐れおののき厨房に隠れてしまいました。

すると、もう一人のマネージャーがそのお客様たちのところへ行き、「静かにお願いします」と言うのですが、聞くものではありません。マネージャーは男性客たちのなすがままにされ、ついには頭からビールをかけられてしまいました。

これはマズイと思った私は警察に電話して、ほどなく警官がやってきました。ビールを浴びたマネージャーもようやく解放されたのですが、びしょ濡れのまま私のところにやってきて、「櫻庭！　遂に俺の夢がかなった！　いつか野球選手が優勝したときにやるビールかけをやってみたかったんだ。めちゃくちゃうれしいぜ！　さぁ店立て直すぞ！」と。

そんなマネージャーの背中がめちゃくちゃカッコよくて、今でも忘れられない光景です。

20歳の私にとって、店長とビールを浴びたマネージャーはカッコいい大人の二大巨塔です。あの年代でそういう大人に出会えたことは、その後の私の人生観、仕事観にも大きく影響しました。本当に貴重なご縁でした。

デカい夢を持つことの大切さを教えてくれたアダチ先輩

3年半働いたファミレスを、私は21歳で辞めました。マニュアル通りに仕事をこなすことがつらくなってしまったからです。そこからの2年間はもう悲惨。おそらく私の人生で一番の暗黒期です。

いろいろな仕事に就いてみたのですが、いつも何か問題を起こしてクビになってしまうんです。当時から問題児です。お金も日に日になくなっていくし、この先どうやって暮らしていけばいいんだろうと悩んだ末、行き着いた先はお弁当屋さんのアルバイトでした。

いくつかの企業へお弁当を届ける配達係の仕事です。先輩のハイエースの助手席に同乗し、配達先や仕事の仕方を覚えていったのですが、1週間ほどしたら突然、運転してくれていた先輩が来なくなってしまったのです。

当然、運転して配達する仕事を私が一人でやらなければならないわけです。ところが、私は救いようがないくらいの方向音痴。「まだ一人では無理です」と言ったのですが、「いや、君しかいないからやってくれ」と。本当に緊張しましたし、焦りました。お昼のお弁当なので12時までに配達し終えなければなりません。毎日、道に迷ってギリギリで何とか間に合わせるような、綱渡りの状態でした。

見えすいたウソをついて弁当屋をクビになる

そんなある日、とうとう事件を起こしてしまいます。

いつものようにハイエースに弁当を積んで配達していました。ある会社に届けて車に戻ると、停めたはずの場所に車がありません。

一瞬、盗まれたのかと思ったのですが、完全に私のミスでした。あまりのテンパりぶりでサイドブレーキをかけ忘れてしまったのです。運悪く、そこは緩やかな坂道でした。停めておいた車は勝手にバックして、坂道の下の電柱にぶつかって止まっていました。

しかも、後ろの扉が開けっぱなしだったので、積んでいた弁当の一部が、そのあたりにひっくり返っていました。

この状況で私の選択肢は2つ（ふつうは一択です）。店に戻って正直に謝るか、ひっくり返った弁当を元通りにして、何食わぬ顔で届けるか。

なんと私はあろうことか後者を選んでしまったのでした。コレは今でも深く反省しています。アスファルトの道に落ちたものは何とか戻せましたが、芝生の上に転がってしまった肉団子などは枯れた芝などがくっついてしまい、さすがに戻せません。だから、肉団子が入っている弁当と、入っていない弁当ができてしまいましたが、私は何事もなかったような顔をして配達を続けました。


当たり前ですが、バレないわけがありません。店に戻ると社長が大激怒でした。「お前、弁当をひっくり返しただろう！」。そう言われても、怒られるのが怖い私は「ひっくり返してません」と言い切りました。

もちろん、即クビです。

私は人生最後の会社と思ってそこに勤めたのですがうまくいきませんでした。それだけに、このときの落ち込みはひどかったです。

ここから本当に人生で最悪の暗黒期に突入してしまいました。私はうつで引きこもりになり、「自分なんて生きていてもしかたない」「もう死ぬしかないかな……」。毎日、そんなことを思いながら過ごしていました。

お金は日に日になくなっていきます。それも恐怖でした。当時の家賃が3万5000円、駐車場は5000円。毎月、何もしなくても4万円はなくなっていきます。もちろん食費や光熱費もかかるので、1カ月で5万円は出ていきます。家の中にあったファミコンやマンガを売りさばき、それで数百円になると、吉野家で牛丼をお腹いっぱい食べたり。でも、夜の食事を買うお金がないので、10円のもやしで食いつないだりしたことが昨日のことのようにハッキリと脳裏に浮かびます。

安曇野のバイトに送り出してくれたオカベ君

そんな私を案じてくれたのが親友のオカベ君です。お金がなく貧困の極致な私に食事を奢ってくれ、さらに私がうつになり、引きこもるようになってしまったのを見て、仕事まで探してきてくれたのです。

それは安曇野のペンションで住み込みのバイトでした。日給は1万5000円ぐらいだったと思います。当時としては破格の金額です。何と言っても魅力的だったのは3食付きです。常に餓死状態な私にとって食事の心配がないことがどれだけありがたかったか。

現地に行ってみると、仕事は建設中のリゾートホテルで、さまざまな職人さんたちが出すゴミを片づけるという雑用で、バイトは全部で7人でした。全員、同じペンションに泊まり込みの共同生活でしたが、とにかくごはんが信じられないくらいに美味しかった。ココで一生暮らしたいと何度思ったことか。

そして何より素晴らしかったのは仕事が天文学的にラクだったことです。早いときは昼過ぎには終わることも週に2度くらいあるので、「今日は3時間しか働いていないじゃん」となることも。それでもちゃんと日給は全額もらえました。

2週間の約束でしたが、私はこの場から離れたくなくて現場監督に懇願し、2週間延長してもらいました。計1カ月お世話になり、合計で50万円くらいの収入になりました。本当に天国のようでした。

ただ、その7人のバイト仲間のうち、一人だけ、どうしても好きになれない人がいました。それがアダチ先輩です。

なぜ好きになれなかったかというと、全然働かないのです。偉い人が見にきたときだけ、率先して仕事をするようなところが嫌だったんですね。どこの世界にもこんな人はいますよね。裏を返せば鏡なので、私のことなんですけどね（笑）。

そんなあるとき、「今、スイートルームで職人たちがベッドを運んでいるから、櫻庭とアダチ、手伝ってきて」と上司に言われました。「はい、わかりました」と返事をしてすぐにスイートルームへ向かいながら、「こいつと一緒なんて最悪だな」と心の中で思っていました。

アダチ先輩のでっかい夢

一通りの作業が終わり、私は新しいベッドのビニールを外したりして片づけていました。アダチ先輩は何もせず、ベッドの上をぴょんぴょん跳ねてて遊んでいます。しかも先輩は「おい、櫻庭、お前も一緒に跳ねようぜ！」なんてことを言うのです。内心、キッズかよと思いながら「いや、俺はいいっす」と断りました。

そんな私を横目で見ながら、ベッドで飛び跳ねるアダチ先輩が言いました。

「櫻庭、お前さぁ、夢ある？」

「俺っすか？　夢なんてないですよ。ごはんもまともに食べられないような生活してる自分みたいな人間が夢を持ったところで、叶うわけないですよ。考えるだけ無駄です」

「お前、夢もなくてよく生きてるな。何のために生きてんの」

「僕はずっと死にたいなぁと思いながら生きてますよ」

こう答えると先輩はびっくりした顔をしたので、私は話題を変えたくて先輩に聞きました。

「先輩は何か夢はあるんですか？」

「夢、あるに決まってんじゃん！　今はさ、こうやって日雇いバイトを一生懸命してお金を貯めてるけどよ、必ず世界中を旅したいと思ってんだよ！」

「えー世界中を旅する！　カッコいいなぁ！」

「櫻庭、お前は海外へ行ったことはあるか」

「僕はハワイに1度、行ったことがあります」

「ハワイかあ、いいよなあ」

「先輩はどこの国へ行ったことがあるんですか？」

アダチ先輩はいくつか自分が行ったことのある国を挙げて、どんなところがどんなふうによかったか話してくれました。そんな会話をひと通り終えた後、ふと疑問に思った私は、こう聞きました。

「先輩は、世界中を旅して何をするんですか」

「よく聞いてくれた！　あのな、世界中のどこかに必ず、俺のことを探して待っている人がいるんだよ！　俺パズル好きでな、最後の最後、1ピースがどんなに探しても見つからないときがなぜかあるんだよね。その探しても見つからない最後の1ピースが俺。絶対に誰かが探してるパズルのピースに、俺はなる」

「それ、めっちゃカッコいいですね‼　しびれますね！　いいなぁ俺もそんなふうに、誰かが探してる1ピースになれる日がくるんですかねぇ」

「バカ野郎。櫻庭、当たりめえだろ。必ずお前のことを探してる誰かが世界のどこかにいる。だからお前もその人を探しに行け！」

今までの人生で、誰かに必要とされたこともなければ感謝されたこともないようなこんな人間でも、世界の中に自分を探して待ってくれてる人がいる。

そう言われて私の心に熱い炎が一気にメラメラと燃え盛りました。ああ、自分のような人間でも、この世界のどこかに、僕を探して待ってくれている人がいるのかもしれない……とさえ思えてきました。

「お前、寅さんの映画を観たことがあるか？　寅さんは日本中いろんなところを旅して、自分のことを探してる人を探している。お前も寅さんみたいに世界中を旅する男になれ。俺も世界中を旅して、絶対に誰かの1ピースになるから」

世界のどこかに自分を探して待っている人がいる！　そう思えるアダチ先輩が急にキラキラ輝いて見えました。先輩の言葉に勇気づけられ、それまでの人生で感じたことのないヤル気と、生きる勇気をアダチ先輩からいただきました。

あれから7年後、先輩の言葉通りの人生に

私は、絶対にアダチ先輩みたいに世界中を旅する男になって、自分を探してる人に会いに行こう！　そう思っていましたが、紆余曲折を経て24歳で起業した後は忙しくもあり、アダチ先輩のことなどすっかり忘れてしまいました。

30歳になり、私はいつの間にかアジアを中心に、世界中へ買い付けに行くバイヤー

になっていました。

そんなある日、海外から成田空港へ降り立ち、スーツケースを引きずっているときに、なぜかふと急にアダチ先輩のことを思い出したのです。

そういえば7年前、アダチ先輩と約束したよな。どちらが先に自分を探してる1ピースを見つけられるか、「櫻庭、競争だぜ」とバイトの最後の日に言われたっけ……。

「ヤベえ、アダチ先輩と約束したことを俺、今叶えているじゃん」

そう思ったら、涙があふれ出して止まりませんでした。

「今の俺がいるのは先輩のおかげ。アダチ先輩、お元気ですか？　俺はあのとき約束

した夢叶えましたよ。先輩は自分の1ピースを見つけましたか？　俺は見つけましたよ。しかもうれしいことに、世界中で俺のことを探している人は一人どころじゃなかった。たくさん見つけたよ」

と心の中で叫び、ボロボロ泣きながら成田空港を後にしました。

そもそも私がアダチ先輩に出会えたのは、オカベ君のおかげです。

安曇野と聞いて交通費がない私は心の中で「オカベ、ごめんよ、いや、無理だ、電車に乗るお金がない……」。そんな私の胸の内を察し、オカベ君は自分の財布から1万円を取り出して私の手に握らせ、「お金の心配はしなくていい。これで行ってこい」と言って快く送り出してくれたのです。

そういう仲間に恵まれて今の自分がいるのだと、つくづく思います。

あのとき、オカベ君が安曇野でのバイトに送り出してくれなければ、アダチ先輩に会えませんでした。ご縁が次のご縁を呼ぶように、その年齢で出会うべき人、そのときに必要だった人と絶妙のタイミングで出会えている。そのことにただただ心より感謝しています。

人間関係がいかに大切かを学ばせてくれた華僑の水晶大王

私は30歳の頃から海外へ買い付けに行くバイヤーをしていました。主な行き先は中国、タイ、アジア全般。水晶を扱うお店、アジア雑貨店などを始めていたからです。現在、店は人に任せていますが、今も時々、頼まれごとがあり、時間を見つけては中国、タイに買い付けに出かけます。

中国人と商売の交渉をした方ならわかると思うのですが、彼らはなかなかすぐには心を開いてくれません。ベルリンの壁のように他人を受け入れないんです。そんな彼らと友好的な人間関係を築くのは至難のわざです。

でも、いったん仲良くなると一気に人間関係は濃密になります。私が仲良くなる中国人たちは日本人より熱い人たちです。

絶対に欲しかった水晶をきっかけに

あるとき、中国の広州にある水晶の問屋街で、800キロもある、度肝を抜かれるほど美しいヒマラヤ水晶が飾られている店を見つけました。

その店の社長は、人呼んで水晶大王。大きな水晶を発見しては「水晶大王、国宝級の水晶発見！」と新聞に載るぐらい有名で、水晶の世界では雲の上のような存在です。

私はその800キロのヒマラヤ水晶に魅せられ、すっかり虜になってしまいました。

水晶大王に、「この美しい水晶を売ってほしい」と頼みましたが、「これは売り物ではない。いくらお金を積まれても、誰にも売らない」と言われてしまいました。

でも、私は絶対に欲しかったので、「絶対に水晶大王と仲良くなる」ことを自分へのミッションとして掲げました。もちろん、ハードルの高さは百も承知です。

手土産持参で水晶大王の店に通う

当時、私は毎月中国へ買い付けに行っていたので、毎回、手土産を持って水晶大王の店へ行き、ありったけの笑顔であいさつをして商品を大量に購入していました。品揃えも抜群でセンスがいいのです。今から20年前の中国はお米があまり美味しくなかったので、手土産は日本米10キロのことが多かったです。めちゃくちゃ喜んでいただきました。

奥さんとお子さんもいらっしゃったので、ご家族が喜びそうなものもたくさん持参しました。だから、行きのスーツケースはいつもお土産でパンパンです。

訪問の回数を重ねるたびに少しずつ距離を縮められ、やがて水晶大王から「今度来るとき、日本でこんなものを買ってきてくれ」などと頼まれごとをされるようになりました。水晶大王が日本へ来るときには、ホテルの手配をしたり、アテンドしたり。家族ぐるみの付き合いです。そうしているうちに確たる信用を得るようになりました。

そしてあるとき、「根負けしたよ、もうお前にあの大きな水晶を売ってやる」と言って、ヒマラヤ水晶を私に売ってくれました。その水晶は今もお店に大切に飾ってあります。

水晶大王とは、かれこれ20年以上のお付き合いになり、今でも家族ぐるみでの交流を深めています。

ご縁を大切に育むことの大切さを教わる

水晶大王の人生もまた波瀾万丈でした。

18歳で商売の世界に入り、最初は日本の中古VHSビデオデッキの輸入販売から始めたそうです。これが爆発的に売れたのですが、すぐに商売をマネする人が出てきてビデオデッキが品薄状態になってしまったそう。

それでも、なぜか水晶大王のところには商品を買ってほしいという業者が多く来てくれ、お客様も途絶えることはなかったと言います。なぜなら、どこよりも高く買い、どこよりも安く売る。「暴利をむさぼらない」を徹底していたからです。

その話から、「自分だけが儲かればいい」と思っている会社は絶対に繁栄しないこと、それは世界共通であり、みんなが喜ぶような策を講じることが大切なのだと学びました。

水晶大王は、こんなことも教えてくれました。

「どんなに些細なことでもいい、社会、人、地域に貢献することをしなさい」

「仕事を楽しみなさい」

「恩返しすることを決して忘れてはいけない」

「たとえ自分の利益がなかったとしても、ビジネスパートナーには儲けさせてあげなさい」

そしてこの本のテーマである「ご縁」についても、こんなことを語ってくれました。

「『縁』を大切に。一番大事なのは出会った人を大切にすること。良い仲間に恵まれたらすべてはうまくいく」

ビジネスパートナーになる

そして水晶大王は、私にこんな提案までしてくれました。

「うちの会社のお客様の半分は日本人だから、実はずっと日本の総代理店を探していた。もしよければ、君の会社が総代理店になってくれないか。近々、日本のジュエリーショーがあるので出展したい。それを見て勉強して、次回から君が出展したらいい。商品はうちで最高のものを、最低の値段で卸す。あとは君が好きなように売ればいい」

なんと私は、水晶大王のビジネスパートナーになったのです。

私はよく〝自分の運気を上げなければ、運気の高い人たちとはめぐり会えない〟という話をします。

では、運気の高いすごい人と出会って、そのご縁を活かすためにはどうすればいいか。まずは自分が相手のために何ができるだろうかと考えて、それを愚直にやり続けること。それに尽きると思います。

水晶大王と私の関係は、たまたま入ったお店での出会いから始まって、深い信頼で結ばれた唯一無二のビジネスパートナーにまで発展したのです。

最初はまったく相手にもされなかったけれど、こまめに足を運び、相手が喜びそうなことをし続ける。頼まれごとはどんな些細なことでも全力で引き受ける。そうやって水晶大王の懐に入ることができました。

私たちの関係が築けたのは、水晶大王の教えである「『縁』を大切に。一番大事なのは出会った人を大切にすること」を、頑なに守ったからだと思います。

海外へ連れ出し、新しい自分に出会わせてくれた恩人たち

29歳の頃の話です。当時、経営していた店は儲かっていたのですが、何か新しいビジネスを始めたいと思い、買い取り事業も手掛けることにしました。古着から雑貨まで、売れそうなものなら何でも買い取りました。

ある日、怪しげなおじさんが何だか怪しげなものを「買い取ってほしい」と、たくさん持ってきました。毎月、東南アジアに出張し、そこでいろいろなものを買ってくるのだとか。半信半疑でおじさんが持ってきたものを見ると、それらは間違いなくいいもので、絶対に売れるだろう思えるものばかりでした。

おじさんはそれ以降も毎月、高く売れそうなものを持ってきてくれます。

いったいどんな仕事をされているのか気になって聞いてみたところ、誰もがよく知る大手商社の子会社の社長さんだとわかりました。

それからいろいろ話すようになり、あるとき、「今度、マレーシアに行くんだけど、サクちゃんも一緒に行かない？」と誘われました。おじさん二人で海外旅行というのも微妙で何度も断りました。それにアジアには偏見があり、臭い汚い危ないという間違った認識から断り続けました。やがて「じゃぁ飛行機代は出すから」とまで言ってくれました。どんだけ俺のこと好きなんだ⁉

そこまで言われたら断るわけにはいきません。そうして私にとっては初のアジア、マレーシアへと出かけることになりました。

あの出会いがなければ、本当に浅いつまらない人間になっていた

この方はK社長と言います。あのとき、K社長が私を海外へ無理矢理、連れて行ってくれなかったら、私は本当に浅くてつまらない人間になっていたと思います。それぐらいマレーシアで見た現象が衝撃的で、人生で最も学びの多い旅行になりました。

当時のマレーシアはとにかく貧富の差が激しく、日本では考えられないような光景をたくさん目にしました。

信号待ちで止まっていると子どもたちがいっせいに寄ってきて、「タバコはいらな

い？」「花を買って！」と口々に言ってきます。K社長からは、決して買ってはいけないし、お金をあげてもいけないと言われていましたが、あるとき、小さな女の子から花束を買ってしまったのです。すると、ワッと子どもたちが集まってきて、逃げ出すのに大変な思いをしたこともありました。

マレーシアの次は韓国、タイのバンコク、チェンマイと、K社長には4回ほど海外へ連れて行ってもらいました。一生できないような経験、体験を山ほどさせていただきました。見たことも聞いたこともないことばかりで、もしK社長と出会わず海外に行っていなかったら、私の人生はまったく違ったものになっていたと思います。

海外で仕事をすると、日本の常識では考えられない出来事が山のように起こります。私も本当によくだまされました。いったい授業料で何千万払ったことか。でも、それは人生の授業料。逆に、いろんな人たちに助けてもらうという貴重な経験もしました。おかげで、人間的にずいぶん成長させてもらったと思います。

海外で仕事をすると決意

3回目の海外旅行でタイへ行ったとき、私は「絶対に海外で仕事をしよう」と決めていました。自分がそんなことを考えるようになるとは、思いもよりませんでした。すべてK社長のおかげです。

そして、タイのチェンマイでK社長から紹介されたのが、Tさんです。

Tさんのことは、まさみんとの対談でも触れました。上海でシュウちゃんというスタッフがTさんのパスポートや現金、買い付けした高価なジュエリーなど荷物をすべてタクシーに置き忘れてしまったとき、「やむなし」のひと言で許した人物です。

Tさんとは毎月、アジア地域を一緒に回りました。Tさんはアジア各国の貧困地域に大きな工場をいくつも建て、現地の雇用機会を増やしていました。そうした工場を一緒に見てまわったのです。

Tさんは仏のような人でした。何日か一緒にいれば、その器の大きさ、優しい人柄が身に沁みるほど伝わってきます。私は自然と「Tさんのような人間になりたい！一生、この人についていきたい」と思うようになっていました。

しかし、Tさんとのご縁は2年ほどで終止符を打つことになってしまいます。

胆石の手術を中国の安徽省で受けて、そのまま帰らぬ人となってしまったのです。

「サクちゃん、明日、胆石の手術なんだよ」

と電話が来たとき、「日本で手術してください！」と懇願しましたが「大丈夫、大丈夫！　胆石なんて日帰りだから」。

あの電話がTさんとの最後の会話です。

日本で手術を受けていたら、間違いなくまだ元気にアジアで大活躍されていたはずです。貧困で苦しむ人たちを救うために東南アジアを走りまわっていたTさんを、神様はなぜ連れて行ってしまわれたのか？

今でもTさんのことを思うと胸が締めつけられ、Tさんの大好きだったコーラを見るたびに思い出します。

Tさんの死は悲しい出来事でしたが、それでも尊敬できる方と出会い、わずか2年でも一緒に仕事ができたこと、さまざまなところへ行けたことは、今でも私の宝です。

講演スタイルを確立するきっかけとなったヨドガワさん

小林正観さんに人前で話す練習をたびたびさせられながら、私はまるでピンときていませんでしたが、気がついたら頼まれごとで、あちらこちらから講演の依頼が入るようになりました。最初はもちろんお金などいただきませんでしたが、なぜか少しずつお金もいただけるようになりました。

今ではYouTubeや講演会、セミナーなどでさまざまな話をさせていただくようになりました。

長年やってきたので、最初の頃から比べると講演会のスタイルもかなり変わってきています。自分で試行錯誤しながら変えた部分もあるのですが、ヨドガワさんの影響がとても大きいのです。

このヨドガワさんとの出会いもまた、不思議なご縁の連鎖反応でつながったものでした。

方位取りの旅先で出会ったヨドガワさん

今から10年ぐらい前のこと。私はある気学の先生に出会い、生まれて初めて「方位取り」をしてみました。どの時期に、どの方角に向かうと開運するかを見ていただいたのです。

その気学の先生はこうおっしゃいました。

「3月×日、沖縄の那覇へ旅に出なさい。そして、同じホテルの同じ部屋に2泊3日泊まりなさい。必ずあなたは〝この人に一生ついていこう〟と思える師匠に出会えます」

「沖縄には用事もないし、那覇へ行っていったい何をしたらいいんですか？」

と聞くと、

「何もしなくても勝手に出会うので心配ご無用」

と言われました。

何の当てもないのに、那覇に2泊3日の旅に出れば勝手に一生の師匠に出会う、そんなバカな話があるだろうか？　素直な私は半信半疑ながらも指定された日時に那覇へと飛びました。幸いにも那覇に以前からの師匠の一人が住んでいるので、遊んでもらうことにしました。

その師匠が「櫻庭、明日は何をする？　私は明日、講演会へ行くんだけど、お前も行く？」と言うのです。講演者の名前も知りませんでしたが、やることもなく時間もあったので、師匠についていくことにしました。

そうして、その講演で話していたのがヨドガワ先生なのです。

講演の冒頭から私はヨドガワ先生の話にグイグイ引き込まれていきました。とにかくその話術がすごい！

すっかり先生に魅了され、講演会終了後にあいさつにうかがいました。

「東京から来ました櫻庭と申します、よろしくお願いします」

するとヨドガワ先生は、ひと言、こうおっしゃいました。

「これから長い付き合いになりますね」

さすが高貴な霊能者！

ヨドガワ先生の講演スタイルは息継ぎなしかと思うくらいの高速で喋り倒していきます。わざと早口に喋っているわけではなく、情報量が多すぎて、早く喋らないと追いつかないという感じです。ああ、私もこんな講演がしてみたいと思い、今の私の講演スタイルができあがっていきました。

もう10年ものお付き合いですが、とても仲良くさせていただいています。私のオンラインサロンにも毎月、出演してくださっているほか、ＹｏｕＴｕｂｅにも出演していただいています。ＹｏｕＴｕｂｅをご覧になってくださっている方は、「シベリアハルオ」という名前のほうが、おわかりになるかもしれません。

ご縁がもたらす想定外を楽しむ

人間がオギャーと生まれ、平均寿命まで生きたとして、その間に何らかの接点を持つ人の数は、約2・5万人と言われています。人生を80年とした場合、一生はおよそ3万日。つまり、1日に一人は誰かと出会えていることになります。

しかし、私は究極的には、

「人生で最も大切なご縁の一つは、本当の自分に出会えること」

だと思っています。約2・5万人の人たちとのご縁、出会いは、あくまで本当の自分に会うための布石でしかないのかもしれません。

人生は本当の自分に出会う旅――。いったいどれだけの人が本当の自分に会えるのでしょうか。

人は自分のことはわかっていない

人は「自分のことは自分が一番よくわかっている」と思いがちですが、それは大きな勘違いで、自分のことはよくわかっていないものです。「私はこういう人間だよね」とわかっている面もあるかもしれませんが、それは表面上のこと。実際、私も自分自身のことはよくわかっていないと思います。

でも、自分の知らない自分を、出会った人たちがいろいろと引き出してくれるのです。

出会い、すなわちご縁こそ人生を変える。
誰と出会い誰と過ごすのか、コレがより良い人生を送るカギなのです。

思いがけない人と出会い、自分はそんなことをやりたいと思ってもいないし、考えたこともない、というようなことが降りかかってくることがありますよね。

そんな想定外の人生こそが私の理想です。

振り返ってみると35歳まで、自分の身に数え切れないすごいことが降りかかっていることも、すごい人に出会えていることにも、全然気づきませんでした。

先ほどお話しした、20代で出会ったファミレスの店長やマネージャー、リゾートバイトで出会ったアダチ先輩、海外に連れ出してくれた社長たちとの出会いは、今振り返ると私の人生観を変えるほどの大きなものだったのです。

しかし、当時の私は情けないことに、自分の思い通りにならないことにばかり意識が向いていて、何か気に入らないことがあるとすぐ機嫌が悪くなり、「ムカつく」と悪態をついていました。

ただ、あれからだいぶ時間が経ち、「今の自分があるのはいったいどんなご縁のおかげだったのだろう」と掘り下げていくと、さまざまな出会いに感謝の念が湧いてきます。

バイヤーになるきっかけはホームページの営業マン

たとえば、そもそも私は毎月海外へ買い付けに行くバイヤーになりたいなど思ったことも考えたこともありませんでした。直接的には、私が始めた買い取りのお店にK

社長がお客さんとして来てくれたことがきっかけです。

ですが、さらにさかのぼって、なぜ私はK社長と出会えたのか。

それは、私の店にナカヤマさんという営業マンが足繁く通ってくれたおかげなのです。

今思い返すとこのナカヤマさんこそ福の神、私の命の恩人です。

ナカヤマさんは、私の買い取りの店に「ホームページをつくりませんか?」と何度も営業に来てくれました「極々近い将来、必ずインターネットの時代が来ます。パソコンを1人1台持つ時代がもうすぐそこまで来ているのです。だから今のうちにホームページをつくっておくことが大切です! 櫻庭社長、先行者利益を私と取りましょう!」と言うのです。

しかし、今から24年も前の話ですから、インターネットを使っている人なんてまだまだごくわずか。私はナカヤマさんの言うことなどまるで信じられなくて「そんな時代、来るわけないでしょう」と、ナカヤマさんに帰ってもらっていました。

それでもナカヤマさんは諦めずに毎日のように店に来ます。

さすがに何度も何度も「インターネットの時代が来る」と聞かされたので、だんだん本当なのかなと思い始め、顧問の税理士さんに聞いてみました。すると彼もその通りだと言います。「櫻庭さんもパソコンを買ったほうがいいですよ、インターネットの時代が必ず来ます！」と。

税理士さんの言葉に後押しされて、とうとうヨドバシカメラでパソコンを買いました。ＮＥＣのCanBe《キャンビー》という機種です。確か９万８０００円ぐらいだったと思います。

早速いじって遊んでいたら、これがなかなかおもしろい。そこへまたナカヤマさんが来たので「あなたの言うことは本当かもしれない。ホームページをつくります！どうぞよろしくお願い致します！」と言って、ホームページの制作をお願いしました。

そして、そのホームページを見て、商品を売りにきてくれたのがＫ社長だったというわけです。

出会いの一つひとつを大切にする

こう考えると、私の感謝の根源は、ホームページ制作の営業に来てくれたナカヤマさんなのです。彼がいなかったら、私は海外へ行くバイヤーになっていなかったと思います。

この世には、出会った人が自分を変えてくれるチャンスは無限にあるのです。ただ、悲しいかな、そのとき――私の場合ならナカヤマさんが「ホームページをつくりましょう」と営業に来たときは、そんなことに1ミクロンも気づけないわけです。そうやって人間は、人生の中で何百回、何千回とチャンスを逃しているのかもしれません。

どこにチャンスが転がっているかなんて、誰にもわからないものです。私もまさか、①ナカヤマさんの言う通りにホームページをつくる→②K社長が商品を売りに来る→③K社長と仲良くなって海外に連れ出される→④T社長を紹介され金魚のフンのように海外を駆けまわる→⑥海外で買い付けるバイヤーになる、とは思いませんでした。こんなシナリオを誰が考えたのでしょうか？ まさに想定外。こんな人生になるなんて、うつで苦しんでいた23歳の私自身に教えてあげたいものです。

お前の人生は明るく輝いている、何も考えずに前だけ向いて歩いて行けと。

どんなに小さな出会いでも、その一つひとつをちゃんと受けとめて行動してみるこ

とが大切だということです。

もちろん、私もこれまでにいろいろなチャンスを逃してきています。過去は戻らないので嘆いてもしかたありません。大事なのは今この瞬間からです。チャンスは無限に訪れるので、誰かとのご縁を大切にしながら、喜ばれる存在になるべく明るく元気に進んでいくことが最重要ポイントです。

出会いの点をどうやって線や円にするか

人生は、たくさんの出会いという「点」で構成されています。

一つひとつがバラバラな点です。けれど点を一つでも多くつくっておけば、神様がいつか、その点を線にしてくれるときが訪れます。点がやがて線になり、円になります。**そうなった人の人生は最強です。**

では、どうすれば無数につくった点を線にできるか、その線を円にできるのか。

それにはアホになって、素直になり、喜ばれる存在になるために行動実践していくことしかないんです。

どんな小さなご縁も大切に受けとめ、素直に行動していけば、その先の人生に必ず

おもしろい現象が降りかかってきます。

この本でお伝えした、不思議なご縁がつないでくれた私の人生のエピソードで、それが真実だと十分にわかっていただけたと思います。

私の人生には「この人がいなかったら、こうなってはいなかった」と思える人がたくさんいます。私が恩返しをできないまま逝ってしまった師匠もいるので、今いる〝師匠たち〟には少しでも恩返しをしているつもりですが、これからも継続して実践していくつもりです。

第5章

応援していると応援される側になる

対談③ 櫻庭露樹&まさみん+邪兄

コミュ力は相手を信じることで育まれる

櫻庭　話をうかがっていると、まさみんのコミュニケーション力はＮＰＯ法人時代に磨かれた気がしますが、どうですか？

まさみん　それは確実にあります！　でも、もしかしたら、幼少期から身についていたかもしれません。父が警察官だったので転勤が多く、小学1年から4年まで毎年転校していたんです。転校生って、必ずクラスに入ると「自己紹介」から始まります。だから、新しいコミュニティに入っていくことには多少慣れていたのかもしれません。

　ただ、当時は当たり障りのないコミュニケーションがうまかったような気がします。今は心の底から人とつながりたいと思っていますが、子どもの頃はどちらかというと、自分を守るために人とコミュニケーションをとらなければいけないという感覚だったように思います。

櫻庭　心の底からつながりたいというのと、その場での当たり障りのないコミュニケーションをするのとでは違いますよね。どういうふうに変えて今に至ったという感じですか?

まさみん　これもナオちゃんの影響が大きいです。特に「一人でできないことも仲間とならできる」ということを、映画『うまれる』の自主上映会プロジェクトの活動で学んで、人を信じられるようになって。そこから少しずつ私自身が心を開いていけるようになったのだと思います。

櫻庭　自分を信じると相手も信じられるようになるよね。

まさみん　はい!

応援していた人が応援してくれる人に

邪兄　ふっちーこと淵之上健一さんがまさみんのドキュメンタリー映画を撮っていて、それが2024年8月に公開になると聞きました。「この人の映画を撮りたい」と思ってもらえるって相当だと思う。ふっちーにそう思わせたものは何だったの？

まさみん　ふっちーが映像の仕事に就く前からお友達だったんです。もともと介護職をしていたふっちーが、「いつか映像の仕事がしたい、いつか映画を撮りたい」と夢を語ってくれたので、全力で応援するよ！　という会話をしました。

映画を撮りたいと依頼を受けたのは、２０２２年。私が主催する感謝祭の動画制作を依頼したのがきっかけでした。

櫻庭　相手を応援するところから始まって、応援される側になっていったというわけですね。

まさみん　振り返って考えると、そういうことになりますね。

私の初めての著書『開運モンスター』もそうでした。この本の編集は崔燎平さんや、中村文明さん、斎藤一人さんの著書の編集をされている鈴木七沖《すずきなおき》さん。七沖さんは本の編集だけでなく、映像も制作されています。最近、メガホンを取り撮影されたのは『30（さんまる）』という映画で、兵庫県神戸市長田にある「はっぴーの家ろっけん」という施設が舞台です。多世代型の介護付きシェアハウスであり、私はその活動の素晴らしさをＮＰＯ時代から知っていたので、全力で応援したいと思って七沖さんに連絡をとりました。

櫻庭　面識はあったんですか？

まさみん　一度参加した講演会に、参加者として来られていた際にあいさつをした程度で、ほとんど初対面の状態です。

櫻庭　すごいね。そこから七沖さんとの関係を徐々に構築していって、やがて自分の著書をつくってもらえるようになるなんて。でも、信頼関係を築いていく中で、七沖さんにはまさみんの魅力がしっかり伝わったんだね。

まさみん　純粋に応援したいと思った感情に素直に行動しました。映画『30』は本当にいいコミュニティムービーなので、みなさんに見ていただきたいです。

櫻庭　具体的にはどんなふうに応援されたのですか？

まさみん　まずは映画を私の周りの仲間に知ってほしいので、「なぜこの映画を製作しようと思ったのか、その思いを私の仲間に伝えていただけませんか？」と七沖さんにお願いしました。

「午前3時の手帳会」のコミュニティにお招きしたのがきっかけで、まさみんの本をつくりたいと言ってくださり、本当に出版することができました。

Column

映画『いいやん～まさみん最後の講義～』ができるまで

２０２４年8月と9月に、ドキュメンタリー映画『いいやん ～まさみん最後の講義～』の上映会があります。まさか自分が主演の映画ができるなんて！ 人生とはつくづくわからないものです。私の場合、何かが起こるときは人の応援から始まっていることが多いのですが、この映画も、応援し続けた先で起きたことのような気がしています。

私と同じ滋賀県在住のふっちーこと淵之上健一さんがこの映画を撮ってくださった監督です。ふっちーは当初、かなりの人見知りでした。当時は介護職をやりながら、大好きな映像制作や音声録画などの活動に、趣味として携わっておられました。共通の友人と子育ての音声収録をした際に、スタッフとして来られていたのが初めての出会いでした。

ふっちーは「いつか映像の仕事がしたい」と話してくれました。私は誰かのやりたいことを応援するのが大好きなのと、本当に彼の映像作品が素敵なので「絶対できるよ！　やったらいいやん。応援するよ」と言い続けました。その後、人のご縁にもめぐまれ、映像の腕もどんどん磨かれ、才能が開花していくふっちーがいました。

私だけでなく、ふっちーが撮影した映像に惹かれる人は多く、介護職をしながらも人のご縁で動画製作の仕事も始めていました。

そして2022年に入り、今までは依頼された映像を下請けとして受注してきたけれど、これからは会社をつくって自分で動画製作に挑んでいきたいと、ふっちーがSNSで発信したんです。映像制作を依頼できる権利がクラウドファンディングで買えるようになっていたので、応援するつもりで購入。友人と二人で対談する動画を撮ってもらいました。

2022年11月の感謝祭の後に、ふっちーが「ずっと映画を撮りたいと思っていたんだけど、まさみんで撮りたい」と相談されたんです。

ふっちーには一緒に映画製作をする予定だったお友達がいました。ところが、その方は事故で突然亡くなってしまったそう。「生きるをテーマに映像制作がしたい」とそのお友達と話していたと、後から聞きました。私が感謝祭イベントの撮影を依頼した際、私と周りの仲間の関係性や笑顔を見て、映画を撮りたかったことを思い出して、今回の映画製作に至ったという流れです。

ナオちゃんの死

ふっちーが「まさみんで映画をつくりたい」と言ってくれたものの、すぐに撮影とはなりませんでした。撮影する前に、構成を考えたり、エキストラや会場の手配、音楽などさまざまなことを考えながら進行しなければいけません。ふっちーが制作を進める中、２０２３年４月にナオちゃんのすい臓がんが発覚しました。私は絶対に奇跡を起こしてくれる！　と信じていました。全力で治療もしていましたが、その年の12月に風となり空へ旅立ちました。

映画『うまれる』から始まったナオちゃんとの活動。最後まで全力で生きる姿を見せてもらい、次は生きるをテーマにした映画『いいやん』の制作。ナオちゃんが亡くなってから、私の人生は私だけのものではなく、なおちゃんと共に生きる人生になったのです。映画の中でも、ＮＰＯのママとキッズのコーラス隊のCOLORSがナオちゃんのことを歌ってくれています。

２０１５年から全力でやってきたことの集大成みたいに、地域の仲間と全国にいる仲間がつながっていき、一人ひとりの新たな人生の始まりみたいだと感じています。それまで抱えていた、主演が本当に私でいいんだろうか？という不安も、ナオちゃんと共に生きるようになってからは、やるしかない！と思えるようになりました。

タイトルも私からふっちーに何か言ったわけでもないのに、ナオちゃんが私にくれた魔法の言葉、「いいやん」になりました。

映画のテーマは「生きる」

上映時間は約80分。そのうちの半分は、私が「生きる」をテーマに話をしています。とはいえ、私がずっと喋っているのではなく、私の問いかけに対して答えてくれる人がいて、みんなでシェアしてもらうといった感じの講義スタイルにしました。

もう半分は、私の周りにいる仲間や尊敬している方々が登場します。

一人は、私が「午前3時の手帳会」をやりたいと言ったとき、最初に手を挙げてくれたエイミーです。海外に興味がありバックパッカーなどを経験してきた彼女は、現在、青森のお寺に嫁いで生活しています。二人目はナオくん。女性として生まれたけれど、心と体が一致しないことにずっと悩んでいた彼は、今男性として生きています。もう一人はユキちゃん。自分と向き合い、問いかけをしているうちに、それまで欠かせなかった胃薬を飲まなくてもよくなったという女性です。

また、植松電機の植松努さんや、高橋歩さん、CITTA手帳の青木千草さん、『開運モンスター』の編集者の鈴木七沖さんにもご出演いただいています。そして、ナレーションは大王様です!!

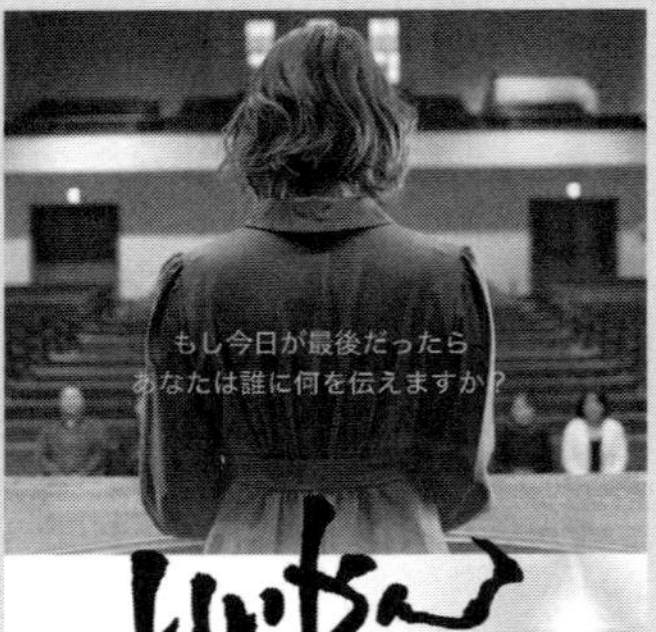

映画『いいやん』は、大阪・東京での上映会が決定。詳細は以下のサイトで。
https://iiyan-movie.studio.site/

人生のストーリーを通して、観てくださった方々が「自分の人生を生きるって何なのか」とか、「もし、今日が最後の日だとしたら、私は誰に何を伝えるだろう」と、考えてくださるきっかけになったらいいなと思っています。

ちなみにヘアメイクやスタイリストを担当してくれた方たちも、ご縁のあった人たちからつながった方々です。

たくさんの方々の支えがあって一つの作品が生まれました。

人見知りの人ほどご縁は深くなる

櫻庭　「午前3時の手帳会」にも人前で話すのが苦手な方がいたり、まさみんの映画を撮ってくれたふっちーさんも、もともと人見知りだったとうかがいました。そういう対人関係がちょっと苦手な人たちと仲良くなり、その人の魅力を引き出す力が、まさみんにはあるような気がしています。人間関係が得意ではない人とのコミュニケーションのとり方で、心がけていることはあるんですか？

まさみん　初対面でお話しするときは、相手の方がどんなことにワクワクするのかな、何が好きなのかなといったことを意識して聞いています。もともと私も人見知りなので、すぐに変化を求めず、待つという感じです。

それと安心安全な環境じゃないと人は意見や本音を言えないと思うので、なるべくその人がリラックスできる環境や状況の中で話すようにしています。

「今感じていることを教えて。別にそれが10秒後に変わっていても全然大丈夫だから」ということを前提にすると、意外にみんな自分の意見を出してくれるようになります。

櫻庭　正解を求めないし、10秒後に意見が変わっていてもいいと聞くと、話すほうもラクですよね。

まさみん　はい。私自身、昔は正解ばかりを求めていました。「この人はこう言ってほしいんだろうな」と想像したことを自分の意見にしていたんです。だから、決して他人が正解だと思う意見を聞きたいわけではないことをちゃんと伝えて、「あなたの気持ちが知りたいので教えてください」というスタンスで人と話していますね。

櫻庭　以前は相手が求めていることを言っている自分がいて。今はそれを相手に求めたりはしない。逆に相手がのびのびと意見が言えたり、相手がワクワクすることを引き出そうとしている。どちらも気を使っているけれど、後者のような気の使い方ができるようになった切り替え地点は、いつ頃だったんでしょうか。

まさみん　NPO法人に在籍して2年間副代表をやっていたときだと思います。代表のナオちゃんは「何がやりたいん?」とすごく聞いてくれたし、私がすぐに答えられないときはずっと待ってくれました。そして、「こんなことかなあ」と言うと、いつもすかさず「いいやん！」と言ってくれた。そのおかげで、私もだんだんその人が本当に思っていることを話してくれるまで待てるようになりました。

年齢差は関係ない、気の合う人を大事にする

まさみん　邪兄さんは大王様と出会って変わったと話してくれました。大王様自身も邪兄さんと出会って気づかされたこと、学んだこと、得たものなどはありますか？

櫻庭　それはいっぱいありますよ。僕は、出会いはすべて神様が決めていると思っているので、邪兄との出会いも神様が決めたことなんだと受けとめています。邪兄と僕が出会うことによってどんな波紋が広がって、どんな化学反応を引き起こすか、はたまたどれだけ社会貢献できるかということを、神様は知っているんですよ。邪兄と一緒にＹｏｕＴｕｂｅ「開運マスター櫻庭露樹の運呼チャンネル」をやらせてもらっていますが、これも神様が考えてくれたこと。

一緒にYouTubeを通していろいろと発信して、多くの人が喜んでくれて、その波及効果としてさまざまな人の人生が変わっていく。たぶん僕も邪兄と出会えて多くの恩恵を受けていると思います。

まさみん　そもそも邪兄さんと大王様はどのようにして出会ったんですか。

邪兄　そこは僕がご説明します。大王と僕の共通の知人でガッチャンという女性がいるのですが、その人が「邪兄さんは、早くサク（櫻庭）さんと出会ったほうがいい。それはあなたのためだけではなく、きっとサク（櫻庭）さんにとっても大きい出会いになるから」と言ってくれたんです。

櫻庭　霊能者みたいだね。

邪兄　そこから4年後に大王と改めて出会い、一緒に仕事をすることになるんですよね。その4年間の間に、すごく印象に残ってることがあります。大王と仕事をし始める前に2回ぐらい、僕は大王の講演に行っているんです。そのどちらか忘れてしまったんですが、本当に久しぶりに会ったのに、僕のことを見て大王が「知ってるよ」と言ったんです。

僕はここ何年も大王と仕事をしていてつくづく実感しているのは、大王が人の顔を覚えるのが本当に苦手だということ。そんな大王が、僕のことは「知ってる」と言ったんです。しかも、おべっかとか社交辞令とかじゃなくて、確信に満ちた目で言ってくれたので、それがすごくうれしかったのを覚えています。

櫻庭　やたらアイヅチがうるさい人だったので印象に残ってたんだよね（笑）。

まさみん　4年後に出会ったというのは、どんなきっかけがあったんですか？

邪兄　僕が勤めていた会社をクビになって、大嶋啓介さんという講演家の事務所の仕事を時々手伝うようになっていたんです。そこの事務所で大王の講演を主催していたんです。それで、せっかくの機会だし、僕をスタッフとして大王の講演会へ行かせてほしいとお願いして、急きょスタッフに加えてもらいました。

当日の講演前に大王と話をすることができて。そこで僕がやっている仕事の話をしたら、大王が「お願いしたい仕事があるから、やってくれるかな」と言ってくれたんです。

まさみん　いつ頃の話ですか？

櫻庭　２０１８年の12月ぐらいですね。ちょうどホームページをつくってくれる人を探していたから、邪兄に「ホームページをつくることはできる？」と聞いたら「できます！」という返事だったのでお願いしたんです。

まさみん　ホームページ制作から始まって、一緒にＹｏｕＴｕｂｅチャンネルやイベントをされたりするようになったのは、いつぐらいからですか。

邪兄　忘れもしません、年が明けた1月17日のことです。大王がＹｏｕＴｕｂｅの勉強会に誘ってくれたんです。そのとき、何が目的で集合するのか大王は教えてくれなかったんです。ただ、「日曜の朝9時に品川駅集合」だけ。それで行った先がＹｏｕＴｕｂｅの勉強会というか、コンサルティングみたいなもので、少人数でけっこう高額だったと記憶しています。

櫻庭　スタッフを連れて行っていいか聞いたら大丈夫だというので、邪兄に同行してもらいました。

邪兄　そこで一緒に学ばせてもらって。それがＹｏｕＴｕｂｅチャンネルの始まりです。お昼ご飯を食べているときに大王から「ＹｏｕＴｕｂｅをやってよ」とご依頼を受けて、「ぜひやらせてください」と。

その前に、大王からパソコンをいただいていたので、これは命をかけて何かお返しをしなければと思っていたんです。それで大王のためにがんばろうと思い、実はそこからYouTubeをしっかり勉強し始めたんです。

まさみん　すごい。YouTubeの勉強会へ行く前から、すでに邪兄さんをビジネスパートナーとして選んでいて、パソコンまでプレゼントされていたんですね。

櫻庭　いや、ビジネスパートナーに選ぶという認識はないよね。ただ、リストラされてやることがないと言っているし、食べていくのも大変そうだし。何より当時、邪兄が使っていたパソコンが、本当にびっくりするぐらいダサいものだったんです。僕自身、その少し前にパソコンを購入したものの、「これは使えない」と思って、スタッフにメルカリで売ってもらったんですが、それとまったく同じ機種のパソコンを邪兄が使っていたんです。

まさみん　どうして邪兄さんが「ダサい、使えない」パソコンを使っていると、大王様はわかったのですか?

櫻庭　邪兄にホームページ制作を頼んだ数日後、「できたので一度見てほしい」と連絡があり、近くの大戸屋で会ったんです。そのとき、おもむろに邪兄が取り出したのが、そのパソコンだったんです。「こんなスペックの低いパソコンでWebの仕事はできないよ。Webの仕事をすると決めたなら、もっといいパソコンじゃないとクオリティーの高い仕事はできないよ」と。

ただ、仕事がとにかく早くてびっくりしたんです。それで、この人、仕事はできる、でも、使っているパソコンがあまりにひどくて不憫だから、新しいパソコンを買ってあげようかなと思っただけです。

邪兄　メルカリは出品者がわからないので、あくまで推察でしかないんだけど、僕はそのパソコンをメルカリで買ったんです。だから、もしかしたら、大王が出品したパソコンを僕が買ったのかもしれないんです（笑）

まさみん　だとしたら、それこそちょっと怖くなるような、すごいご縁ですよね。

櫻庭　真偽のほどはわからないけれどね。でも、この偶然こそが神様の粋ないたずらのような気もします。

まさみん　それにしても、邪兄さんの行動の速さもすごい。ホームページを手早く仕上げて大王様に見せたから、仕事もパソコンもゲットしてしまったわけですもんね。

邪兄　当時は暇だったのもありますが、先ほど話したように、ガッチャンに「サクさんと出会ったほうがいい」と言われてから、ずっと大王と一緒に何かやりたいと思っていたのも大きいです。

櫻庭　そうだね。諦めずに思い続けてくれたから、守護霊も重い腰を上げてくれたんじゃないかかな。多くの人はチャンスが訪れたとき、すぐに行動に移さないから、いいご縁に出会えなかったりするんです。邪兄は自分の直感を信じてすぐに動いたのが良かった。チャンスの神様は前髪しかない。僕の肌感覚からいくと時間は1分ぐらいしか待ってはくれないから、即断即決即時処理に限る。

邪兄　1分しかないんですね。直感が降りてきて1分以内に行動するのが重要なんですね。

櫻庭　たいていはそれでうまくいきます。ただ、そこでうまくいかなかったとしても、そのうまくいかなかった経験が、後々役に立つときがくるはず。一番よくないのは何もしないまま見過ごしてしまうことです。

資質は異なれど、二人に人が集まるのは

まさみん　大王様と邪兄さんはビジネスパートナーですよね。でも、それ以上の関係というか、家族みたいな感じがします。

櫻庭　過去生で家族だったかどうかはわからないけれど、家族的な感覚はありますね。

邪兄　僕にとって大王は兄であり、父であり、尊敬する経営者であり。僕自身は大王のスタッフの一員であり、そして図々しいですが、右腕のような気持ちでいます。

櫻庭　以心伝心じゃないけれど、お互いに考えてることもわかるしね。

邪兄　えーっ、そうですか？　僕はわからないです。大王だったらこういう発想をするというのはわかりますけれど、大王が今、何を考えているかわからないです。

まさみん　二人の関係を見ていると、大王様は仲間になった方と、家族みたいな関係をつくっていくのがお好きなんだというのがわかります。

櫻庭　そうかもしれません。僕は本当にリーダーに向いていないんです。組織をまとめあげるとか、好きじゃない（笑）。放任主義だから、好き勝手にやってくれればいいかなと。

まさみん　そこがまさに家族的なところだと思います。帰ってくる場所があるから、自由に好きなことができる。大王様の周りの人たちはそんな感じが居心地よくて好きなのかなぁという印象です。

　何より邪兄さんをはじめ大王様の周りのスタッフは、大王様への愛にあふれていま す。それは実際にお会いして接する中ですごく感じたことです。

櫻庭　僕が人の管理ができないから、管理されたくない人たちが集まってくれているような気がします。まさみんの周りの人たちは忠誠心がある。まさみんに憧れていたり、あるいはまさみんのために一肌脱ごうという思いが強い人が多い。僕のところにも人は集まってくれているけれど、忠誠心は一ミクロンもないですもん。

まさみん　大王様のセミナーに集まってくださっている方々も、ボランティアでいろいろ準備を手伝ってくださっているとスタッフの方々から聞きましたよ。

邪兄　定期的に実施しているツアーでも、大王の人柄に惹かれて参加してくださる方が多いですよ。

まさみん　めっちゃ多くの人たちに愛されてますよ。

櫻庭　そうかな。なかなか自分ではわからなかったりしますが。

波長が合う人とは自然にご縁がつながる

まさみん　一般的に仲良くなる人同士で「波長が合う」といった表現をすることがありますよね。波長が合う人同士はご縁が強かったりするんでしょうか。

櫻庭　波長が合うというのは、自分と振動数が同じ人ということ。似たような振動数を放ってないと、やはり気は合わないですよね。

まさみん　振動数とは？

櫻庭　振動数というのは、物体が一定の時間内に揺れ動く数のこと。たとえば、音叉《おんさ》は強く叩くと振動が大きくなりますよね。そして、この振動は音として波のような形で現れてきます。これが音の波、すなわち波長と呼ばれるものです。ざっくり言えば、この振動数が合っている人が波長が合う人であって、自分にとって心地よい人ということになります。

まさみん　波長が合うかどうかは、どのように察知されるものなんですか。

櫻庭　僕の場合、初対面で会った瞬間に何となくその人が自分と波長が合うか合わないかがわかります。

ちなみに運気の低い人の振動数は低いです。いつも機嫌が悪く、怒りっぽく、愚痴や泣き言ばかり言っていたり、自己肯定感が低い人。私自身もおそらく35歳までは振動数がかなり低かったと思います。文句ばかり言っていたし、自分の不幸を人のせいにしていたから。しかも、振動数の低い人は同じように振動数の低い人とつるんでしまいがち。だから、その振動数から抜け出せなくなってしまうんです。

まさみん　では、自分の振動数を上げれば、おのずと振動数の高い、すなわち運気のいい人たちとめぐり会うことができるというわけですね。

櫻庭　そうです。まさみんの「午前3時の手帳会」の人たちは、みんな振動数が高いんじゃないかな。まさみんと話しているだけでも、みなさん変わっていくのではないですかね。波動干渉です。今のまさみんは、どう考えても運気が異常なまでに高い人(笑)。そんなまさみんと一緒に朝を過ごしているわけだから、おのずとその人たちの運気も上がっていくんじゃないかな。

まさみん　そう言っていただけるのは、とてもうれしいです！　お互いに振動数を高め合っていると思います。朝一番に仲間と会うと、私がうれしい感情になるんです。

フットワークの軽さが人を寄せつける

櫻庭　それにしてもまさみんはフットワークが軽いよね。ひすいこたろうさん、大嶋啓介さんからも、まさみんに会ったという話をよく聞くし、僕も、このところ何度もお会いしていますもんね。わりといろいろなところへ顔を出しておられるような。

まさみん　移動距離のことやお金のことなど考えたら何もできなくなってしまうので、費用対効果などはほとんど気にせず、会いたいと思った人のところへは喜んで出かけていきます。

といっても、そんなふうに行動的になったのはごく最近です。それまでは滋賀から出ることすらできませんでした。大阪までの1時間の移動も大冒険っていう感じでした。

邪兄　前に、まさみんが仲間の一人のCさんに「この講座を申し込んでおいたから」と、かなり高額な講座に申し込んで、お金も払っていたことあったよね。

まさみん　かなりのおせっかいでもあるのですが、行きたい講座に金銭面で行けない仲間がいて、行かせてあげたい！　と思い、支払ったことがあります。家族のような仲間の講座代は、言ってみれば娘の習いごとに支払う感覚だったんです。

邪兄　でも、そういうことが何回かあるでしょう？

まさみん　何回やったとかは覚えていないのですが、一度ではないです。

櫻庭　いや、その若さでそういうことをスマートにできてしまうところが、まさみんのいいところ。軽やかなんだよね、何をするにしても。

まさみん　お金も人も循環します。Cさんの講座代を出して申し込んだのも、たぶん、その感覚なんです。Cさんの喜ぶ顔や成長していく姿が見たいだけです。

櫻庭　なるほど、勉強になりますね。

まさみん　でも、大王様も大石洋子（宮増侑嬉）先生との共著の中で「大石さんに1000円のものをごちそうしてあげたとしても、別に大石さんから1000円奢ってもらわなくていい。そうやっていろいろな人にお金を使っていたら、突然どこかからもっと大きなものが返ってくるから」と話されていました。

櫻庭　僕自身、何かさせてもらった人から、何か御礼が欲しいと思ったことはないんです。返ってきたらそこでチャラになってしまうけれど、そのままエネルギーとして上に溜まっていけば、後に大きくなって、全然関係ないところからおもしろいものが降りかかってくる。勝手にそう思っているので、そのときに何も返ってこなくていいというのが僕の考え方。ただ、まさみんはそこまで考えていなくて、もっとピュアな気持ちでお金を人のために使っている。そこが素晴らしいと思います。

まさみん　邪兄さんもすごいんですよ。私のイベントで滋賀に来てくださったことがあったんです。そのときの懇親会で、初めて出会った大学生が宿がなくて困っているのを知って、すぐに携帯を取り出し、彼のために宿を取ってました。あれはカッコよかったです。

邪兄　たぶん、ふだん大王の振る舞いを見ているからです。素敵だなと思ったことってマネしたくなりますからね。

おわりに

最後まで読んでいただき、誠にありがとうございます。

初めてまさみんと出会ったとき、彼女はまるでホタルのように光り輝いている女性だと感じました。華奢で愛らしい外見からは、多くの人を率いるリーダーシップを感じることはありませんでした。

しかし、対談を通じて彼女の話を聞くうちに、まさみんは確固たる自己を持ち、行動力にあふれ、真のリーダーとしての素質を持っていることがよくわかりました。

「ご縁」をテーマにさまざまな話を交わしましたが、まさみんと私のご縁に対するアプローチはまったく異なっていました。まさみんは、人と人をつなぐことに情熱を注いでいます。彼女は常に「この人とこの人をつなげたら、素晴らしい化学反応が起きるのではないか」と考え、そのアイデアを実現することで、多くの人々に喜びと変化をもたらしています。

まさみんがつなぐご縁に誰もが喜び、彼女に感謝しています。なぜなら、まさみんは常に相手の幸せを真剣に考え、その人の笑顔を思い浮かべながらつなげているからなのです。

一方、私のアプローチは異なります。私は個々の人を結びつけるのではなく、「すごい！」と心から思える人、尊敬できる人を紹介するスタイルです。その人を気に入ったら、ぜひ仲良くなってみてね！　というスタンスなので、まさみんのようにシチュエーションや引き合わせ方を考えることはあまりありません。
どちらが良い悪いではなく、お互いの世界観の違いです。アプローチの違いはあれど、人と人が出会い、その化学反応で人生が変わる瞬間を目撃することは、私にとっても、こんなにうれしいことはありません。

育った環境も人生経験も異なるまさみんと私ですが、人とのご縁を大切にする点では大きく共通しています。今回の対談を通じて、人は出会いによって人生を進めていくのだと改めて実感しました。本書を通じて、私たちのご縁の物語を感じていただければ幸いです。

あなたも、日常の中で出会う人々とのご縁を大切にしてください。神様がその先に広げてくれる新たなご縁が、あなたの人生を本当に豊かにしてくれることでしょう。

今日誰かと出会ったら、その人とのご縁がどのように進化発展していくのか、少しだけ思いを寄せてみてください。それがあなたの人生をより明るく、華やかに変えてくれるかもしれません。

みなさんにとって素晴らしいご縁が、この一冊から始まることを心より祈っています。

櫻庭露樹

2024年8月

櫻庭露樹（さくらば つゆき）

スピリチュアル研究家　開運研究20年の開運ユーチューバー
青森県三沢市生まれ。幼少期の極貧生活により、小学三年生から新聞配達（朝夕刊）集金営業をこなしながら、9歳から2つの不労所得を得るビジネスプランを完成させる。小学生時代に稼いだ金額は1,000万円超え。24歳で起業後、店舗経営をはじめ、10店舗まで右肩上がりに成功させたのち売却。その後、自由が丘と溝の口に水晶天然石の店舗AMERIをオープン。現在は自らの事業展開の他、各所の著名大企業からヘッドハンティングされ社外取締役などを務めながら、世界中の富豪層からも愛され、何かと声をかけられる摩訶不思議な強運の持ち主、人呼んで開運マスター。YouTube登録者数26万人、SNS総フォロワー数40万人を誇る。著書に、『神さまに応援される人になる』（大石洋子氏との共著 ビジネス社）、『世の中の運が良くなる方法を試してみた』『全捨離したら人生すべてが好転する話』『金運がアップするすべての方法を試してみた』（以上、フォレスト出版）、『天下無敵のご縁術』（幻冬舎）、『金運が爆上がりするたこ星人の教え』（KADOKAWA）などがある。

公式ウェブサイト　https://tsuyuki-sakuraba.jp/
櫻庭露樹のYOUTUBE　運呼チャンネル
https://www.youtube.com/channel/UCVMtuJGkv1Q7t9LXfVF2E6Q

まさみん

1985年生まれ、滋賀県出身。3児の母。朝活ファシリテーターとして、自分を知り、幸せに生きる習慣づくりをサポートする事業を展開。2015年、11年間勤めた市役所を「自分の人生を生きる！」と決めて退職。2016年、NPO法人くさつ未来プロジェクトの立ち上げに従事。副代表理事を勤める。「目の前の人を笑顔にする。人と人とをつなげる」ことをモットーに、まちづくり活動を精力的に行う。2018年9月から筆文字アーティストとして活動を始め、筆文字を通して自分と向き合う大切さを知る。「365日の問いかけ×朝活おとまな」「365日の自習室 午前3時の手帳会」の主催者。2020年7月から友人と2人で「午前3時の手帳会」をスタート（2023年4月3日に1000回達成）。毎朝開催するうちに口コミで広がりFacebookグループには約1400人が参加。毎朝100人が集う朝活となる。2024年8月には自主製作映画「いいやん ～まさみん最後の講義～」が公開。著書に『開運モンスター』（内外出版社）がある。

ブログ　https://ameblo.jp/masamin932/
インスタグラム　@yoshikawa_masami
https://www.instagram.com/yoshikawa_masami/

いいやん　ご縁を活かして夢を叶えよう

2024年9月12日　第1刷発行

著　者　櫻庭露樹　まさみん
発行者　唐津　隆
発行所　株式会社ビジネス社
〒162－0805　東京都新宿区矢来町114番地　神楽坂高橋ビル5F
電話　03－5227－1602　FAX 03－5227－1603
URL　https://www.business-sha.co.jp/

〈カバーデザイン〉谷元将泰
〈本文デザイン＆DTP〉関根康弘（T-Borne）
〈編集協力〉 いのうえりえ
〈イラスト〉 小沢陽子
〈印刷・製本〉モリモト印刷株式会社
〈編集担当〉山浦秀紀　〈営業担当〉山口健志

ISBN978-4-8284-2658-7

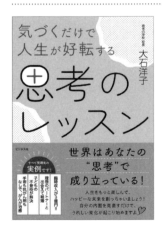

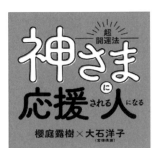